中国社会科学院马克思主义理论研究和建设工程资助项目

居安思危·世界社会主义小丛书

第二国际与世界社会主义运动的理论与实践

陈之骅 著

图书在版编目(CIP)数据

第二国际与世界社会主义运动的理论与实践 / 陈之骅著. -- 北京：当代中国出版社, 2025.4. -- ISBN 978-7-5154-1537-6

Ⅰ.D1

中国国家版本馆 CIP 数据核字第 2025KE2437 号

出 版 人	蔡继辉
责任编辑	陈　莎
责任校对	贾云华　康　莹
印刷监制	刘艳平
封面设计	宋　涛　鲁　娟
出版发行	当代中国出版社
地　　址	北京市地安门西大街旌勇里 8 号
网　　址	http://www.ddzg.net
邮政编码	100009
编 辑 部	（010）66572180
市 场 部	（010）66572281　66572157
印　　刷	中国电影出版社印刷厂
开　　本	787 毫米×1092 毫米　1/32
印　　张	4.25 印张　1 插页　58 千字
版　　次	2025 年 4 月第 1 版
印　　次	2025 年 4 月第 1 次印刷
定　　价	20.00 元

版权所有，翻版必究；如有印装质量问题，请拨打（010）66572159 联系出版部调换。

居安思危·世界社会主义小丛书
编委会

主　　　编　李慎明

执 行 主 编　陈之骅

编委会委员　（按姓氏笔画排序）

　　　　　　　于海青　马　援　王　镭

　　　　　　　吴恩远　辛向阳　张树华

　　　　　　　罗文东　侯惠勤　程恩富

　　　　　　　蔡继辉　樊建新

我们愿做报春鸟

——《居安思危·世界社会主义小丛书》总序

中国社会科学院原副院长
世界社会主义研究中心主任、研究员
李慎明

《居安思危·世界社会主义小丛书》是中国社会科学院世界社会主义研究中心奉献给广大读者的一套普及科学社会主义常识的理论读物,也是我们集中院内外相关专家学者长期研究、精心撰写的一套严肃的理论著作。

为适应快节奏的现代生活,每册书的字数一般限定在4万字左右。这样的篇幅,有助于读者在工作之余或旅行途中一次看完。从2012年7月开始,在10年内,这套小丛书争取推出100册左右。

这是一套"小"丛书,涉及的却是国内外重大理论和现实问题。主要介绍科学社会主义基本理论及重要观点的创新、国际共产主义运动中重大历史事件和重要领袖人物(其中包括反面角色)、各主要国家共产党当今理论实践及发展趋势等,兼以回答人们心头常常涌现的相关疑难问题,并以反映国外当今社会主义理论与实践为主,兼顾我国的革命、建设和改革开放事业。

从一定意义上讲,理论普及读物更难撰写。围绕科学社会主义特别是世界社会主义一系列重大理论和现实问题,在有限的篇幅内,把立论、论据和论证过程等,用通俗、清新、生动的语言将事物本质与规律讲清楚,做到吸引人、说服人,实非易事。这无疑是对专业理论工作者的一个挑战。然而,我们愿意为此作出努力。

目前这场正在深化的国际金融危机的总根源,是东欧剧变和苏联亡党亡国之后全球范围内贫富两极的急遽分化。国际金融危机已经整整10个年头。但在笔者看来,再过8年、10年,国际金融危机的阴影也仍然挥之不去。主要是因为以"互联网＋人工智能"等为代表的新的高科技革命和新的生产工具的诞生与发展，极大地提高了全球范围内的社会生产力，但同时也加剧了全球范围内的财富占有和收入分配的贫富两极分化。正如马克思所强调的：在资本主义社会，"文明的一切进步，或者换句话说，社会生产力（也可以说劳动本身的生产力）的任何增长，——例如科学、发明、劳动的分工和结合、交通工具的改善、世界市场的开辟、机器等等，——都不会使工人致富，而只会使资本致富"[①]。这也就是说，在资本主义生产关系框架之内，从总体和本质上说，资本愈是富有，广大劳动群众则必然愈是贫穷；广大劳动群众愈是贫穷，社会的有效需求则必然愈加减少。以美国为首的西方资本主义世界主导的经济全球化，必然使全球范围内广大民众愈加贫穷，社会的相对需求急遽减少。我们还可以作出这样的预言：在未来二三十年内，在全球范围内，大量的智能机器人会更多

---

① 《马克思恩格斯全集》第46卷上册，人民出版社1979年版，第268页。

地挤占现有的人工工作岗位，无人工厂会如雨后春笋般地在世界各地涌现。这一进程，可能比我们常人所想象的要快得多；其覆盖面，可能比我们常人想象的要更为广阔。试想，资本家都不雇佣工人了，普通百姓都没有工资了，谁来购买这些物美价廉的产品呢？各垄断资本集团之间追寻高额利润的残酷竞争——引发新的高新科技发展特别是智能机器人的普及——导致新的工人大量失业——社会相对需求减少——引发更多工厂破产和工人失业——加剧减少新的社会相对需求——进一步触发新的工厂破产，这一逻辑必然会形成一轮又一轮的恶性循环，不断加剧全球范围内的贫富两极分化。2008年爆发的国际金融危机在本质上就是资本主义的经济、政治和文化价值观的全面危机，是高度发达的社会生产力即生产社会化乃至生产全球化与现存的生产关系即生产资料被极少数人占有这一资本主义基本矛盾的一次总爆发。历史已经反复证明，这一基本矛盾在资本主义生产关系的框架内根本无法解决。随着这一矛盾的不断发展和深化，可以断言，更大的金融灾难必将在紧随其后的一些年内接连爆发。

凭栏静听潇潇雨,世界人民有所思。这场危机推动着世界各国、各界特别是发达国家和广大发展中国家的普通民众进一步深入思考。可以说,又一轮人类思想大解放的春风已经起于青蘋之末。然而,春天往往会有"倒春寒",在特定的条件下,人类社会也有可能还会遇到新的更大灾难,世界社会主义还有可能步入新的更大的低谷。但我们坚信,青山遮不住,毕竟东流去。世界社会主义在21世纪中叶前后,极有可能又是一个无比灿烂的春天。我们这套小丛书,愿做这个春天的报春鸟。

"沧海横流,方显出英雄本色。"目前,中国各族人民正更加紧密地团结在以习近平同志为核心的党中央周围,在以马克思列宁主义、毛泽东思想和中国特色社会主义理论体系,特别是习近平新时代中国特色社会主义思想的指引下,沉着、坚定地迈向无比美好的春天。我们对中国共产党和中华人民共和国的社会主义事业充满信心!

现在,各出版发行企业都在市场经济中弄潮,出版社不赚钱就不能生存,但我们希望这套小丛书每册定价要适度，相关方面在获取适当的利润后，让利于普通民众，让普通民众买得起、读得起。买的人多了，发行量大了，就会产生规模效益。

敬希社会各界对这套丛书进行批评指导，同时也真诚期待有关专家学者和从事实际工作的各级领导及各方面的人士，积极为我们撰稿、投稿。我们选取稿件的标准，就是符合本丛书要求的题材、质量、风格及字数。

2018 年 5 月 5 日

目录 | CONTENTS

总　序

1	**一、第二国际的成立**
1	1. 第二国际成立的历史背景
12	2. 第二国际的成立
18	**二、第二国际前期的活动**
20	1. 反对伯恩施坦修正主义的斗争
30	2. 法国社会党人米勒兰入阁事件
33	3. 反对无政府主义的斗争
39	**三、第二国际后期的三次代表大会**
40	1. 斯图加特代表大会
57	2. 哥本哈根代表大会
65	3. 巴塞尔代表大会和巴塞尔宣言

68	**四、第一次世界大战和第二国际的破产**
68	1. 第一次世界大战及其性质
77	2. 第二国际的破产
85	3. 列宁对考茨基"超帝国主义论"的批判
92	**五、列宁为建立新的国际而斗争**
93	1. 齐美尔瓦尔德联盟
106	2. 昆塔尔会议
112	3. 俄国十月革命的胜利为建立新的国际提供了重要前提

一、第二国际的成立

1. 第二国际成立的历史背景

1871年巴黎公社失败以后,国际工人运动进入一个暂时的低潮。当时,国际工人运动和国际工人协会(第一国际)在外部面临反动政府的镇压和迫害,在内部又面临派别斗争的干扰和分裂。第一国际处境艰难,终于在1876年,在马克思的建议下宣告解散。但是从19世纪70年代后半期,特别是从80年代开始,随着世界形势的变化,资本主义生产的进一步发展,马克思主义的广泛传播,工人阶级不仅数量上继续增长,而且阶级觉悟不断提高。国际工人运动很快又活跃起来。这时的罢工运动,无论从规模还是从性质来看,都有所发展。这时的罢工已经不只是发生在一个企业、几个企业,更多的是发生在全行业,甚至发生了地区或全国性的总罢工;有不少罢工不仅要求增加工资,改善生活条件，还提出了各种社会政治要求。具体资料如下：

在德国，从1890年至1891年发生罢工226次，参加人数共38000人。在英国，1889年，伦敦爆发了6万人参加的码头工人大罢工；1910年，南威尔士铁路工人举行了长达数月的大罢工。在美国，1894年5月1日，发生了第一次失业工人"向华盛顿进军"的示威游行，1894年还发生了全国十几万铁路工人大罢工。

随着罢工运动的迅速发展，工人阶级的组织性进一步增强。欧美许多国家建立了全国统一的工会组织。在德国，1892年3月，成立了全德工会总委员会，下属62个工会组织，拥有会员30多万人；在英国，从1889年至1892年，成立了数十个由非熟练工人组成的新工联，工会会员增至150万人；在法国，1890年至1894年，工会组织增加了一倍，达2000多个，并于1895年成立了全国总工会；在美国，1900年拥有工会会员约80万人。据统计，欧洲12个国家在社会主义政党领导之下的工会，在1894年约有400万会员。在各国工会运动蓬勃发展的基础上，国际工会代表会议于1901

年在哥本哈根召开。各国工会组织在反对资产阶级压迫、争取工人阶级基本权利的斗争中发挥了积极的战斗作用。①

在工人运动持续高涨和工会组织不断发展的基础上，在欧美很多国家建立了独立的工人阶级组织和团体，乃至独立的政党。

最早出现的工人独立政治组织是全德工人联合会。它成立于1863年，是那年5月23日由德国11个城市的工人代表在莱比锡集会建立的。创始人为斐迪南·拉萨尔②。他直接参加了筹建工作并当选为该联合会第一任主席。经拉萨尔修订的联合会章程规定，联合会的主要组织原则是主席个人独裁，地方组织（公社）只能执行主席的决定，不享有任何权利。联合会的纲领规定，其任务仅限于争取普选权和合法的议会活动，联合会反对

---

① 以上资料均参见《国际共产主义运动史》，人民出版社、高等教育出版社2012年版，第100—101页。
② 斐迪南·拉萨尔（1825—1864），德国著名的政治家、哲学家和法学家，早期工人运动的重要领导人，国际共产主义运动中机会主义路线的著名代表。

阶级斗争，主张由国家帮助的合作社改善工人的生活，赞同在普鲁士领导下，通过王朝战争实现全德统一。它的建立是德国工人阶级摆脱资产阶级影响，建立自己的独立政党的重要一步，对于唤起工人阶级觉悟起了一定的积极作用。但是，拉萨尔的机会主义思想严重阻碍了它的发展。1868年9月，全德工人联合会被莱比锡警察当局查封。此后迁往柏林活动。随着马克思主义的传播和国际工人运动的影响，先进的德国工人逐渐抛弃拉萨尔主义。

1869年，全德工人联合会的部分成员从组织中分离出来，在德国中部城市爱森纳（Eisenach）举行代表大会，建立了德国社会民主工党，史称爱森纳赫派。其领导人为威廉·李卜克内西[①]和奥古斯特·倍倍尔[②]。这是

[①] 威廉·李卜克内西（1826—1900）出生于知识分子家庭，欧洲1848年革命参加者。革命失败后流亡瑞士和伦敦，受马克思、恩格斯的影响颇深。1862年回国。1866年与倍倍尔创建萨克森人民党，加入第一国际。1874年至1900年任德国国会议员。在《非常法》期间采取合法斗争与秘密斗争相结合的策略进行斗争。
[②] 奥古斯特·倍倍尔（1840—1913）出生于下级军人家庭，青少年时期当过学徒，满师后又到处流浪打工。1860年定居莱比锡，1863年参加拉萨尔领导的全德工人联合会。1865年结识威廉·李卜克内西，从他那里阅读了不少马克思主义的著作。1867年在萨克森人民党的支持下当选为德意志联邦议会议员。

第一个在一个国家内建立的以马克思主义为指导思想的无产阶级政党，主张通过自下而上的革命，推翻贵族地主阶级的反动统治，实现德意志统一。在普法战争和巴黎公社期间，爱森纳赫派坚持无产阶级国际主义，积极为无产阶级的政治经济利益斗争，推动了国内和国际工人运动的发展。

1875年5月，全德工人联合会在广大会员的压力下，决定与爱森纳赫派合并。在哥达举行的联合代表大会上，两派同意合并组建为德国社会主义工人党。它的建立，结束了德国工人运动长期分裂的局面，有利于对付共同的敌人。但是，爱森纳赫派内的威廉·李卜克内西等领导人在合并过程中不惜拿原则做交易，对拉萨尔派作了无原则的让步。在哥达合并大会上通过的党的纲领（《哥达纲领》）中既没有谈到无产阶级专政，也没有谈到未来共产主义社会的国家制度，而是充满了改良主义幻想。① 但是，党的纲领否定了拉萨尔主义的主席个

---

① 马克思专门写了《哥达纲领批判》一文，对这个纲领进行了全面的批判，参见《马克思恩格斯文集》第3卷，人民出版社2009年版，第419—424页。

人独裁的组织原则,强调党内民主、实行集体领导——三个中央领导机构互相监督与制约的规定。①

这是国际工人运动历史上最早成立的革命政党。早年它得益于马克思、恩格斯的亲自领导。但是该党不断受到机会主义干扰,先是受杜林主义②的干扰,1878年"非常法"③颁布后,党内又出现了"苏黎世三人团"④的右倾机会主义和以莫斯特等为首的"左"倾无政府主义,1890年后又受福尔马尔⑤的右倾机会主义和"青年

---

① 三个中央领导机构是:由5人组成(爱森纳赫派2人、拉萨尔派3人)的党的中央执行委员会负责党的全面工作,由7人组成的监察委员会负责监督执委会的工作,由18人组成的仲裁委员会负责上述两个机构的协调工作。
② 杜林主义,以折中主义哲学和庸俗经济学为基础的宣扬小资产阶级空想社会主义的思潮,其代表人物是欧根·杜林(1833—1921)。
③ "非常法"或称《反社会党人非常法》,是德意志帝国俾斯麦政府1878年10月颁布的法令,宣布一切从事社会民主和社会主义的组织为非法,均予禁止。社会民主党被迫转入地下。1890年9月被废除。
④ "苏黎世三人团",德国社会民主党内由赫希伯格、施拉姆和伯恩施坦组成的右倾机会主义小宗派集团。
⑤ 格·亨·福尔马尔(1850—1922),1876年加入德国社会民主党,"非常法"期间主张暴动和建立秘密组织,"非常法"废除后主张阶级调和"和平长入社会主义",成为党内右倾机会主义的代表。第一次世界大战期间堕落为社会沙文主义者。

派"的"左"倾冒险主义影响。该党在马克思和恩格斯的帮助下，击败了"左"、右倾机会主义，提高了战斗力。1890年，该党改名为"德国社会民主党"。它是第二国际的骨干，对促进德国工人运动和国际社会主义运动的发展起了积极作用。但是，1895年恩格斯逝世后，以伯恩施坦为代表的党内机会主义即修正主义者逐渐占据统治地位。第一次世界大战爆发后，它堕落成了资产阶级的工具。

法国工人运动中第一个无产阶级政党是法国工人党。1879年在马赛举行的法国全国工人代表大会上，经茹尔·盖得①和保尔·拉法格②倡议，通过了成立法国工人党的决议。次年，在勒阿弗尔召开的代表大会上，

---

① 茹尔·盖得（1845—1922），原名M.巴齐尔。出生于巴黎的一个贫苦教师家庭，早年为报刊撰稿。巴黎公社革命失败后流亡瑞士，成为无政府主义者。后来又研究马克思主义著作，曾大力宣传科学社会主义，最后在一战期间成为机会主义者和社会沙文主义者。
② 保尔·拉法格（1842—1911），生于古巴，9岁到巴黎，后就读于巴黎大学医学院。因参加学生运动被开除学籍而出走伦敦。在伦敦结识了马克思，成为坚定的马克思主义者，大力宣传马克思主义，1868年4月与马克思的二女儿劳拉结为夫妇。著有《马克思的经济唯物主义》《宗教与资本》等。

通过了党的纲领，其中的总纲部分是由马克思撰写。至此，法国工人党正式宣告成立。

法国工人党成立后不久在有关工人运动理论问题上发生了分歧。盖得派积极宣传科学社会主义理论，以保尔·布鲁斯①和伯努瓦·马隆②为首的一派则主张只提出在当时条件下"可能"实现的要求，通过逐步改良来变革社会，因而被称为"可能派"或布鲁斯派。"可能派"要求修改党纲，删去其中有关实现社会主义和共产主义的内容。1882年，在圣太田代表大会上两派正式分裂，盖得派保留了法国工人党的名称，"可能派"则于次年组成"社会主义工人联合会"。法国工人党组织了法国工人的几次大罢工，推动了工人运动的发展。与此同时，工人党在1893年的议会选举中也获得了可观的票

---

① 保尔·布鲁斯（1844—1912），曾为医生，早年从事社会主义宣传工作，是1871年巴黎公社革命参加者，公社失败后流亡瑞士，结识巴枯宁，成为无政府主义者。后又在伦敦结识马克思、恩格斯，但未能成为马克思主义者。
② 伯努瓦·马隆（1841—1893），贫苦农民出身，是1871年巴黎公社革命参加者，任劳动与交换委员会委员。参加了五月流血周战斗。公社失败后流亡瑞士，成为无政府主义者。1883年脱离"可能派"，主要从事写作活动。

数，此后，工人党更加注重议会斗争。

在英国，最早的工人组织是工会联合会，即工联。参加工联的主要是一些熟练工人。工联崇尚改良主义，只提倡以提高工资、缩短工时为目标的经济斗争，不要求推翻资产阶级统治和进行无产阶级革命，认为资本家和工人的利益是可以协调一致的。19世纪80年代末出现了新工联，其特点是大批工资比较低的非熟练工人加入进来，强调阶级斗争，从而促进社会主义思想在工人群众中的传播。

英国工人最大的组织是独立工党，建立于1893年，领袖是詹姆士·麦克唐纳[1]和凯尔·哈弟[2]。这是一个极端机会主义的政党，公开与资产阶级合作，甚至连"社会主义政党"的名称也不愿意有。此外，19世纪80年代

---

[1] 詹姆士·拉姆齐·麦克唐纳（1866—1937），草根出身，曾多次担任英国首相兼外务大臣。
[2] 詹姆士·凯尔·哈弟（1856—1915），矿工出身，1888年参加建立苏格兰工人党，第一次世界大战中持社会沙文主义立场。

在英国工人中积极活动的还有费边派①，成立于1883年。它由一些独立的知识分子组成，为首的是悉尼·韦伯②和萧伯纳③等人。费边派认为资本主义对大多数人来说是不公平的。费边派虽然认同社会主义，但主张通过渐进而不是激进的和暴力的手段达到社会主义。

当时英国的工人组织众多，但在第二国际建立前夕，英国还没有大规模的工人运动。

1881年11月在匹兹堡成立的美国劳工联合会是一个影响较大的劳工团体，主要创建者是塞缪尔·龚帕

---

① 费边派，别名费边社会主义，或费边主义（Fabianism），其名来自古罗马大将费边。公元前217年，费边接替前任败将的职务，迎战迦太基的世纪名将汉尼拔。费边采取了避其锋芒的迅速、小规模进攻的策略。经过8年的苦战，终于击败了汉尼拔。从此费边主义成为渐进主义的代名词。
② 悉尼·韦伯（1859—1947），英国著名的改良主义政治活动家，出生于伦敦中下层家庭。早年就学于瑞士和德国，1884年在格雷律师学院取得律师资格，1885年经萧伯纳介绍入费边社，成为其主要理论家和领导成员之一。主要著作有《社会主义的历史基础》《社会主义者须知》等。
③ 萧伯纳（1856—1950），英国现代杰出的现实主义戏剧作家，1925年获诺贝尔文学奖。他认真研读过《资本论》和马克思的其他著作，公开声明自己"是一个普通的无产者"，但始终主张用渐进的方法改变资本主义制度，反对暴力革命。

斯①。它是一个按照行业组织起来的技术工人的各个工会的松散联盟。1886年,该联盟发动了五一全国总罢工,并于年底改组为劳工联盟,简称"劳联",龚帕斯任主席。"劳联"主张进行合法斗争,强调"劳资合作"。到19世纪末,会员已有55万人之多。"劳联"的基本路线只是在现行制度下改善自己的经济状况。

俄国的情况与其他欧美大国有很大的不同。俄国虽然也进入帝国主义时代,但资本主义的发展落后于其他欧美国家。在俄国,工人不仅受到资本主义的残酷剥削,还受到沙皇专制制度的严重压迫,工人运动发展受到很大压制,最早的革命工人组织是南俄工人协会(1875年,敖德萨)和北方工人协会(1878年,彼得堡)。这两个组织出现不久就被沙皇政府镇压下去。但是由于列宁和布尔什维克的活动,马克思主义在那里迅速传播。1883年著名的马克思主义者格·瓦·普列汉诺

---

① 塞缪尔·龚帕斯(1850—1924),出生于英国的一个犹太家庭,1863年移居纽约。长期担任劳联主席。著有《劳工与雇主》《自传:生活和劳动70年》等。

夫①创建了劳动解放社，大力宣传马克思主义。此后，列宁于1895年建立了工人阶级解放斗争协会，从事实际斗争。1898年成立了俄国社会民主工党。所以，俄国的工人运动虽然起步较晚，起点却很高。

2. 第二国际的成立

到19世纪80年代末，欧美约有16个国家先后成立了独立的社会主义政党，从而为建立第二国际创造了主观条件。这些政党和组织迫切希望恢复国际联系，建立一个国际组织，以便互通信息，交流经验，加速发展。为此，德国社会民主党内一部分人和法国工人党内的"可能派"，联合英美等国的同道，筹备召开世界工人政党大会，并决定于1889年7月在巴黎举行代表大会。恩格斯知道这一消息以后，立即展开积极活动，认为决不能让即将成立的国际联合会领导权落入改良主义

---

① 普列汉诺夫（1956—1918），贵族出身，俄国社会民主工党的创建者和领导人之一。早年参加民粹主义革命活动，后来转变为马克思主义者，为在俄国传播马克思主义作出了杰出贡献。1903年成为孟什维克。列宁对他作过高度评价，曾亲切地说："从1883年至1903年的普列汉诺夫是我们的普列汉诺夫。"

和机会主义的"可能派"手中。他敦促德国党内的马克思主义者和法国党的盖得派积极行动，尽快召开国际社会主义者代表大会。

1889年7月14日，在法国革命者攻占巴士底狱100周年之际，两个国际大会在巴黎举行。

参加马克思主义者发起大会的有来自22个国家的393名代表。恩格斯因忙于马克思《资本论》第三卷的整理工作和其他事务，未能亲自与会指导。会场悬挂了马克思像和"全世界无产者联合起来"的横幅，气氛庄严隆重。

出席大会的代表中有各国社会主义运动的著名活动家，包括德国的倍倍尔、威廉·李卜克内西、克拉拉·蔡特金，法国的保尔·拉法格、盖得、瓦扬，英国的爱琳娜·马克思[①]、凯尔·哈第，俄国的普列汉诺夫、彼得·拉

---

① 爱琳娜·马克思（1855—1898），著名翻译家和国际工人运动鼓动家，马克思的三女儿，马克思的秘书和助手，精通多国语言，曾担任第二国际多次代表大会的翻译。

甫罗夫①,荷兰的纽文胡斯②等。拉法格代表组织委员会致开幕词。他说:"聚集在这个大厅里的欧洲和美洲的代表并不代表他们各自的国家,他们不是在三色国旗或任何其他国旗的标志下联合起来的。他们是在红旗——国际无产阶级的旗帜下联合起来的。"③根据拉法格的提议,李卜克内西和瓦扬当选为大会主席。李卜克内西在发言中指出,新的国际继承了旧的国际工人协会(指第一国际)的事业,国际工人协会"没有死亡,它转化成为各国强大的工人组织和工人运动,并以这种方式继续

---

① 彼得·拉甫罗夫(1823—1900),俄国著名哲学家、社会学家和政论家,革命民粹主义思想家和活动家,出生于地主家庭。他坚决反对沙皇农奴制度,曾参加巴黎公社活动,公社失败后去伦敦,在那里结识了马克思、恩格斯。1877年定居巴黎。
② 费迪南·多梅拉·纽文胡斯(1846—1919),荷兰社会民主党创始人之一,荷兰工人运动活动家。1879年创建社会民主党,1887年当选为议会议员。1889年至1893年多次参加第二国际代表大会。1894年成立了独立的社会民主工党,转到无政府主义立场。第一次世界大战期间在荷兰领导和平主义运动。著有《卡尔·马克思》《资本与劳动》等。
③ 李兴耕:《第二国际的建立》,载朱庭光主编:《世界历史大事集·近代部分·第三分册》,重庆出版社1985年版,第224—225页。

生存着，它继续生存在我们身上"①。他把这次大会称作"伟大的国际议会"②。参加会议的代表除来自各国社会主义政党和工会外，还有来自一些合作社和文化团体的代表。大会没有选举任何常设的领导机构，但是它实际上标志着第二国际的建立。从此以后，每隔几年召开一次国际代表大会就成为第二国际的主要活动方式。

"可能派"组织的代表大会于1889年7月15日在巴黎开幕。出席大会的有606人，其中524人是法国代表（有的代表资格后来没有得到大会的承认），外国代表只有来自10个国家的82人，其中主要是英国社会民主联盟和工联的代表。由于缺乏国际性，大会未能建立国际组织。在1891年召开的第二国际布鲁塞尔代表大会上，出席"可能派"代表大会的一些代表也加入了第二国际，从而使第二国际内部指导思想和派系情况的分

---

① 李兴耕：《第二国际的建立》，载朱庭光主编：《世界历史大事集·近代部分·第三分册》，重庆出版社1985年版，第225页。
② 李兴耕：《第二国际的建立》，载朱庭光主编：《世界历史大事集·近代部分·第三分册》，重庆出版社1985年版，第225页。

歧和斗争更为复杂。

在马克思主义派召开的国际代表大会上,纽文胡斯等人提出了同"可能派"召开的代表大会实行无条件合并的建议,但遭到大多数与会代表的反对。大会通过了威廉·李卜克内西提出的决议案,其中说:由于"可能派"顽固坚持合并的条件是重新审查马克思主义派代表大会的代表资格,关于合并的谈判最终失败。

第二国际是继国际工人协会即第一国际之后的又一个世界社会主义者的国际组织。其名称起自20世纪初,是相对于第一国际(国际工人协会)而言。但它的组织特点与第一国际不大相同。第一国际组织比较紧密,有成立宣言,有章程,有中央领导机构。第二国际则是一个松散的组织。它不是参加第二国际的各国党的上级组织,各国党是独立自主的。它没有纲领、章程,没有常设领导机构,也没有正式的机关报。每隔几年召开一次代表大会,制定一个共同的行动指南,各国党可以根据各自的情况开展活动。国际代表大会通过的决议,对于各国党只有道义上的约束力,而没有组织上的强制力。

每个党有权根据本国具体情况制定自己的路线、方针和政策。

1900年在巴黎代表大会上建立了社会党国际局。国际局下设书记处，由各国党派出代表组成。但这不过是各国党的一个信息和联络中心，并非领导机构。其主要任务是收集和交流各国社会主义运动的情报，调解各国党内的意见分歧，编辑出版国际代表大会的会议记录以及筹备下一次国际代表大会等。社会党国际局和书记处设在比利时的布鲁塞尔，比利时社会党人王德威尔得当选为国际局主席。直到1907年，在斯图加特代表大会上才正式通过《国际代表大会和国际局章程》，规定加入国际的条件、国际代表大会的投票办法和投票权的分配、国际局的组成和职权等，对成立多年来的习惯做法作了一些修改并以章程形式固定下来。这时距第二国际建立已经有8年之久了。尽管如此，第二国际在组织上的松散性依然没有改变。

二、第二国际前期的活动

第二国际共存在25年（1889—1914）。这25年是资本主义由自由资本主义向垄断资本主义过渡的时期。这25年一般可以分为前后两个时期，大体上以世纪之交划分。

第二国际前期总共召开了六次代表大会，它们是：1889年7月在巴黎召开第一次代表大会，即成立大会，1891年8月在布鲁塞尔召开第二次代表大会，1893年3月在苏黎世召开第三次代表大会，1896年7月在伦敦召开第四次代表大会，1900年在巴黎召开第五次代表大会，1904年在阿姆斯特丹召开第六次代表大会。

在巴黎举行的第一次代表大会即成立大会上，各国代表讨论的最具有历史意义的问题是关于每年5月1日举行示威游行，并将这一天定为"国际劳动节"。此外还讨论了国际劳工立法和工人阶级的政治、经济斗争任务的问题，包括8小时工作制、男女同工同酬、禁止使用童工、积极组织群众性罢工、废除常备军和实行全民武装及关于工会、土地和妇女等问题，并通过了各项相应的决议。特别应当指出的是关于确立每年的5月1日为"国际劳动节"的决议的重要性。它推动了欧美工人运动的发展，促进了欧美社会主义政党的合法斗争和各国工会的国际团结。

根据大会的决议精神，在次年，即1890年的5月1日，欧美很多国家都组织了相当规模的群众游行示威活动。70岁高龄的恩格斯在伦敦也加入游行的行列。他后来兴奋地写道："欧美无产阶级正在检阅自己第一次动员起来的战斗力量，他们动员起来，组成一支大军，在一个旗帜下……今天的情景将会使全世界的资本家和地主看到：全世界的无产者现在真正联合起来了。"[1]

在第二国际活动前期，各国党内已经存在众多派别，其中主要的有修正主义者、改良主义者、无政府主

---

[1] 《马克思恩格斯全集》第29卷，人民出版社2020年版，第73页。

义者等。他们都自称社会主义者，有的还自称马克思主义者。但是在第二国际活动的前期，特别是在恩格斯还在世的那几年里，科学社会主义基本上还是第二国际的主流。第二国际基本上坚持了革命的立场。恩格斯虽已年迈，但仍然如年轻时那样，领导着当时还是少数的马克思主义者，与形形色色的非马克思主义思想进行斗争。恩格斯在1895年去世之前，是第二国际当之无愧的舵手。

第二国际前期的活动，从外部来说主要是坚持无产阶级的革命斗争，反对资本主义剥削，捍卫工人的合法权益，主要斗争手段是集会、罢工、游行示威、议会斗争等合法方式；从内部来说主要是坚持和捍卫马克思主义，反对修正主义、改良主义和无政府主义等派别和思潮。

1. 反对伯恩施坦修正主义的斗争

这场斗争在第二国际前期活动中占有重要地位。德国的爱德华·伯恩施坦（1850—1932），出生于一个火车司机的家庭。中学还没有毕业就担任过银行职员。早年受自由主义和民主主义的影响，是一个小资产阶级社会主义者。1872年4月，22岁的伯恩施坦在倍倍尔的影响下，加入了德国社会民主工党爱森纳赫派。次年，他作为爱森纳赫派的代表参加了在哥达召开的关于两派合并的预备会议。他主张对拉萨尔派让步，同拉萨尔派"取得谅解"，以便尽快实现合并。1878年，德国《反社会党人非常法》公布后，伯恩施坦逃往瑞士苏黎世。次年，他和机会主义分子赫希伯格、施拉姆结成"苏黎世三人团"，要求党放弃革命目标，鼓吹改良主义和右倾投降主义，遭到马克思和恩格斯的严厉批判。后来他承认了错误。在1881年至1895年，他成了马克思主义者，负责主编党的机关报《社会民主党人》，发表和从事过一些受到恩格斯首肯的文章和活动。但是，在此期间他只是口头上的马克思主义者，而实际上是改良主义者。在伦敦期间，他经常参加英国工联主义分子的活动和费边派的活动，受费边派的思想影响很深。1895年恩格斯逝世以后，他的真实面目便暴露了出来。他发表了一系列文章，打着马克思主义的旗号反对马克思主义，大肆宣扬马克思主义已经"过时"，主张"和平长入社会主义"。1898年,伯恩施坦在考茨基主编的《新时代》杂志上发表《崩溃论和殖民政策》一文,首次提出"最终目的是微不足道的,运动就是一切"①的修正主义总公式。1899年,伯恩施坦出版了他的修正主义代表作《社会主义的前提和社会民主党的任务》,对马克思主义进行了全面的修正。在哲学上,他攻击辩证唯物主义和历史唯物主义,主张以康德的唯心主义代替唯物主义,以庸俗的进化论代替革命的辩证法。在政治经济学方面,反对马克思的劳动价值学说和剩余价值论,鼓吹资本主义经济的"适应性",认为垄断组织能自动消除资本主义经济危机。在科学社会主义方面,反对马克思关于无产阶级革命和无产阶级专政的学说,宣扬阶级调和、以"渐进"的方式通过议会道路"和平长入社会主义"。他在书中明确地说:"在一百年前需要进行流血革命才能实现的变革,我们今天只要通过投票、示威游

---

① 王伟光主编:《社会主义通史》第3卷,人民出版社2011年版,第485页。

行和类似的威迫手段就可以实现了。"①《社会主义的前提和社会民主党的任务》一书出版后，受到各国党内机会主义者极大的欢迎和吹捧，被认为是修正主义的开山之作。他们都自诩为修正主义者，并以此为荣，而伯恩施坦便成了修正主义的鼻祖。

伯恩施坦修正主义出现后，立即受到德国党和第二国际各国党内马克思主义者的批判，他们人数虽然不多，但理论素养较高，有一定的战斗力。

在德国党内，左派和中派联合起来对伯恩施坦进行了批判。当时中派的面目还未全面暴露，而且在党内的影响不小。团结中派和具有中派倾向的分子（倍倍尔是其中的主要代表）一起批判公开的、嚣张的修正主义非常必要。在德国党的多次代表大会上，左派对伯恩施坦修正主义路线进行了坚决斗争。

在1898年举行的德国党的斯图加特党代表大会上，经过三天的激烈争论，多数代表对伯恩施坦提出的"最

---

① ［德］爱德华·伯恩施坦：《社会主义的前提和社会民主党的任务》，殷叙彝译，生活·读书·新知三联书店出版社1973年版，第7页。

终目的是微不足道的,运动就是一切"的修正主义公式进行了严肃的驳斥和批评,指出马克思主义关于以革命的方式推翻资本主义,建立社会主义的最终目标是不容诋毁的。这是德国党内马克思主义者第一次与伯恩施坦修正主义交锋。1899年在汉诺威举行的党代表大会上,马克思主义者再次对伯恩施坦修正主义理论进行批判,并通过了倍倍尔提出的决议案。决议指出,德国党将始终坚持阶级斗争路线,通过革命方式实现社会主义。这是德国党内第一个反对修正主义的决议。在1903年德雷斯顿代表大会上,经过激烈的争论,通过了倍倍尔、考茨基提出的谴责修正主义的决议案。考茨基还特别指出:伯恩施坦修正主义"放弃了科学社会主义的基本原则和概念"。这时,考茨基和倍倍尔虽然已经开始逐步走上中派主义的道路,但他们还是不能接受那种明显的、全面抛弃社会主义的伯恩施坦修正主义理论纲领。[①]

倍倍尔读了伯恩施坦的文章以后写信给考茨基:"要

---

① 参见［美］威廉·福斯特:《三个国际的历史》,李潞等译,人民出版社1958年版,第175页。

是恩格斯今天看见,爱德(伯恩施坦——引者)把他曾经亲自帮助建立起来的一切都葬送掉了,他会说些什么呢?"[1]倍倍尔在1899年德国社会民主党汉诺威代表大会上的报告中说:"我开诚布公地声明,一旦伯恩施坦在这里为之辩护的那些原则在党内得到实行,我将宣布:你白白地工作了36年,现在你走开吧,去沉思默想吧。"[2]考茨基在1903年给倍倍尔的一封信中说:"要是伯恩施坦在恩格斯在世时就写出了《前提》,将军[3]对他可不像我们对他那样客气,将军会赏他一脚,并且对他喊道:'滚出去,你这个无赖!'"[4]威廉·李卜克内西在1898年举

---

[1] 中共中央马克思、恩格斯、列宁、斯大林著作编译局国际共运史研究室编:《德国社会民主党关于伯恩施坦问题的争论》,生活·读书·新知三联书店1981年版,第3页。

[2] 中共中央马克思、恩格斯、列宁、斯大林著作编译局国际共运史研究室编:《德国社会民主党关于伯恩施坦问题的争论》,生活·读书·新知三联书店1981年版,第224页。

[3] 恩格斯从青年时代起就对军事科研产生了浓厚的兴趣并取得了很大的成就,因而在当时的社会主义者中获得了"将军"的绰号。

[4] 中共中央马克思、恩格斯、列宁、斯大林著作编译局国际共运史研究室编:《德国社会民主党关于伯恩施坦问题的争论》,生活·读书·新知三联书店1981年版,第540页。

行的德国社会民主党斯图加特代表大会上讲话说:"如果伯恩施坦的论述是正确的,那么我们就可以埋葬我们的纲领,埋葬我们整个的过去,那么我们就不再是一个无产阶级的政党了。"[1] 俄国马克思主义理论家普列汉诺夫读到伯恩施坦的文章后,于1898年5月20日写信给考茨基说:"假如伯恩施坦的批评的尝试是正确的,那么,我们可以问:从我们的导师们的哲学思想和社会主义思想中还剩下了什么?从社会主义中还剩下了什么?而实在只有回答说:不多。或者更确切地说:是一点东西也没有。"[2]

由于德国社会民主党内有很多人,包括倍倍尔在内,对伯恩施坦和伯恩施坦修正主义表示同情,党没有对伯恩施坦采取组织措施。到了20世纪初,以伯恩施坦为首的右派和以考茨基为首的中派实际上篡夺了德国

---

[1] 中共中央马克思、恩格斯、列宁、斯大林著作编译局国际共运史研究室编:《德国社会民主党关于伯恩施坦问题的争论》,生活·读书·新知三联书店1981年版,第51页。

[2] 中共中央马克思、恩格斯、列宁、斯大林著作编译局国际共运史研究室编:《德国社会民主党关于伯恩施坦问题的争论》,生活·读书·新知三联书店1981年版,第5页。

党的领导权。

1904年8月14日至20日在荷兰阿姆斯特丹召开了第二国际第六次代表大会。出席大会的有24个国家的476名代表，代表着40个工人组织和社会主义政党。俄国布尔什维克党、日本及大洋洲有关党的代表是首次参加第二国际的代表大会。大会的主要议题是社会党策略的国际原则问题。围绕这个问题，与会者再一次对伯恩施坦修正主义路线进行了批判。

会上提出了好几个决议草案：首先是盖得将1903年德国社会民主党德累斯顿代表大会上提出的驳斥修正主义的决议略加修改后提出的决议案。这个决议案谴责了修正主义和参加资产阶级政府主张，坚决赞成进行阶级斗争的政策。此外，王德威尔德和阿得来提出了一个保护修正主义的草案，它虽然用了不少阶级斗争的词句，却完全没有批判修正主义。德里昂也提出了一个草案，旨在反对四年前（1900年，第二国际巴黎代表大会上）由考茨基提出并获得通过的折中的"橡皮性决议案"。最后表决结果，王德威尔德和阿得来提出的回避反修正主义的决议案是21票对21票，未获多数；德里昂的决议案赞成的只有他自己一票。盖得提出的决议案则以25票赞成对5票反对、12票弃权获得了通过。决议谴责了妄图改变党以阶级斗争为基础的策略，以向现存制度让步来代替夺取政权，来代替反对资产阶级伟大斗争的修正主义企图。这是马克思主义对修正主义的重大胜利，但大会未对修正主义者进行组织处理。这反映了修正主义势力在国际内部还存在相当大的影响。[①]

大会还讨论了殖民地、党的统一和总罢工等问题。

在与伯恩施坦修正主义作斗争中，德国社会民主党内一位年轻的左派脱颖而出。她就是被列宁誉为"革命之鹰"的罗莎·卢森堡[②]。列宁在评价卢森堡时曾说："鹰

---

① 参见王觉非主编：《欧洲历史大辞典》（上），上海辞书出版社2007年版，第578页，以及［美］威廉·福斯特：《三个国际的历史》，李潞等译，人民出版社1959年版，第179—181页。
② 罗莎·卢森堡（1871—1919）出生于沙俄统治下的波兰一个富裕犹太商人家庭。1890年就读于苏黎世大学，专攻政治经济学，获博士学位。1894年创建波兰王国社会民主党，1898年获德国国籍，迁居柏林，积极参加德国社会民主党的活动。在党内和国际国内坚定地站在批判伯恩施坦修正主义的第一线。

有时比鸡飞得低,但鸡永远不能飞得像鹰那样高。"① 卢森堡坚决反对伯恩施坦的修正主义思想,明确指出:伯恩施坦说最终的目的是微不足道的,这意味着他完全放弃了社会民主主义的最终目的,他的整个理论与马克思主义是根本不相容的。② 罗莎·卢森堡参加了第二国际苏黎世代表大会和伦敦代表大会,在国际上她同样是一个坚定的左派,与以伯恩施坦为首的修正主义者进行了坚决的斗争。

第二国际破产以后,罗莎·卢森堡和她的战友卡尔·李卜克内西一起,在德国社会民主党内建立了左翼组织斯巴达克同盟,后来改组为德国共产党。在俄国十月革命影响下,德国共产党发动并领导了1918年德国十一月革命,推翻了德国皇帝威廉二世的专制统治,宣

---

① 《列宁全集》第42卷,人民出版社2017年版,第464页。这个典故源自俄国人伊·安·克雷洛夫的一篇寓言《鹰和鸡》。克雷洛夫写完此寓言后评论说:"评价一个人,不要只看他的弱点,而是要看到他的强大和美好,以及能达到的高度。"
② 参见〔美〕威廉·福斯特:《三个国际的历史》,李潞等译,人民出版社1959年版,第175页。

布成立社会主义共和国。但革命成果落入社会民主党的右派手中。1919年1月15日，罗莎·卢森堡和卡尔·李卜克内西遭右派残酷杀害。①

2. 法国社会党人米勒兰入阁事件

米勒兰入阁事件的背景是德雷福斯案件。阿尔弗雷德·德雷福斯是法国军队中的一名军官。他被军队中的敌对势力诬告犯有叛国罪而遭流放。此事引起了法国国内外的强烈不满。虽然德雷福斯很快被平反，但人们的不满情绪一时难以平息，认为这是"法国的民主遭到了危机"。1899年，法国新一届以瓦尔德克-卢梭为首的政府上台，为解决当时政府面临的困境，决定吸收法国社会党人米勒兰入阁，任工商业部长。后者没有向党汇报便接受了任命，并与当年参加镇压巴黎公社的刽子手贾利费将军在同一内阁里任职（贾利费任军事部长）。在国际工人

---

① 罗莎·卢森堡和卡尔·李卜克内西英勇牺牲的事迹，深深地激励了年轻的周恩来。1923年，他在巴黎给邓颖超寄去一张印有卢森堡和李卜克内西画像的明信片，写了如下一句话："希望我们两个人将来，也像他们两个人一样，一同上断头台。"这是两位伟大的革命家生死与共的爱情盟誓。参见《大时代里的儿女情》，《环球人物》2017年第4期。

运动史上首次发生这样的事件，它引起了党内和第二国际内激烈的争论。法国社会党内的盖得派严厉谴责这次事件，认为是与"资产阶级同流合污"；饶勒斯派则认为它"拯救了法国"，而且是"和平长入社会主义的开始"。

1900年9月23日至27日，第二国际第五次代表大会在巴黎举行。出席大会的有21个国家的791名代表。提到会议日程上的问题多达12项，辩论米勒兰入阁事件是这次大会的中心议题。与会代表在无产阶级政党夺取国家政权的道路以及与资产阶级政党联合问题上产生激烈争论。会上明显地分为左、中、右三派。以盖得为首的左派反对入阁；以饶勒斯为首的右派则赞同入阁；以考茨基为首的中派批评米勒兰的行动是一种"危险的尝试"，但又说这只是一个策略问题，不是原则问题。王德威尔德支持考茨基的决议案。大会最后以29票对9票通过以考茨基为首的中派提出的折中、调和的决议案。该决议案指出，个别社会党人参加资产阶级政府，不能认为是夺取政权的正常开端，而只能认为是迫不得已采取的暂时性的特殊手段，这是一个策略问题，而不是原则问题。该决议有很大的伸缩性,给机会主义者留下很大的空间,史称"橡皮性决议"。

大会在关于军国主义和殖民地政策问题的讨论中,左派的观点占了上风。大会一致通过了卢森堡提出的反对军国主义的决议案。该决议指出,资本主义是军国主义和战争的根源,号召开展群众性反对军国主义的斗争。

大会还通过决议,谴责了帝国主义的殖民扩张及其在殖民地的暴行,建议各国社会党研究殖民地问题,协助各殖民地无产阶级建立社会党并且吸收它加入宗主国的组织,加强殖民地社会党之间的联系。①

米勒兰入阁事件导致了法国党的分裂。1901年盖得派和布朗基派联合建立了"法国社会党"。次年,饶勒斯派和"可能派"组成"法兰西社会党"。没有想到曾经追随马克思、恩格斯多年的左派盖得,后来逐渐堕落为中派,而在第一次世界大战爆发后,盖得竟然鼓吹"保卫祖国",成为社会沙文主义者。1914年8月,盖得自己

---

① 参见于沪生:《第二国际历次代表大会》,载朱庭光主编:《外国历史大事集·近代部分·第四分册》,重庆出版社1986年版,第8—9页。

也参加了资产阶级政府,在内阁中任不管部长。列宁明确指出:米勒兰的行为是"实践的伯恩施坦主义"[①]。

3. 反对无政府主义的斗争

反对无政府主义的斗争在第二国际前期的活动中具有重要的地位,这不是偶然的。作为一种政治思潮,无政府主义出现和形成比修正主义要早。无政府主义是一种小资产阶级社会政治思潮,其基本观点是否定一切权威和任何形式的国家政权,主张个人绝对自由,幻想不经过无产阶级革命和无产阶级专政而建立一个没有国家的、完全平等和绝对自由的社会。这种思想以主观主义和个人主义的世界观为基础,反映了资本主义发展过程中一部分破产的小资产者的情绪和愿望,对马克思主义的传播和国际工人运动的开展起了很大的阻碍和破坏作用。无政府主义流派的创始人是法国人 P.J. 蒲鲁东[②]。他在 1840 年写的《什么是所有权》一书中首次使用今天被

[①] 《列宁全集》第 8 卷,人民出版社 2017 年版,第 593 页。
[②] 皮埃尔·约瑟夫·蒲鲁东(1809—1865),出生于法国一个农民兼手工业者家庭,当过排字工人,与人合伙开过小印刷厂。1837 年迁居巴黎,从事著述活动。

译成"无政府"或"无政府状态"的"安那其"（Anarchy）这个词。国际上另一个无政府主义流派的代表人是俄国的 M. A. 巴枯宁①。不同的是蒲鲁东是理论家，而巴枯宁不仅是理论家，还是行动家。在第一国际时期他们就挑战马克思主义。在马克思和恩格斯的严厉批判下他们最终落马。但是他们仍然阴魂不散。他们的徒子徒孙们在第二国际时依然出来兴风作浪，破坏工人运动和革命斗争，起着维护资本主义制度的作用，严重干扰马克思主义的传播。列宁曾指出："无政府主义者的世界观是改头换面的资产阶级世界观。他们的个人主义理论，他们的个人主义理想是与社会主义背道而驰的。"②

随着国际工人运动的发展，19 世纪 90 年代初，第二国际内部无政府主义的倾向明显加强。无政府主义同样是一种国际性的思潮，反映了这一时期大量破产而落

---

① 米哈伊尔·亚历山大罗维奇·巴枯宁（1814—1876），出生于俄国一个小贵族家庭，少年时曾就读于圣彼得堡炮兵学校，后进入莫斯科大学学习，他在德国因受黑格尔哲学的影响而投身革命。后来他结识了蒲鲁东，很快两人成了好朋友。
② 《列宁全集》第 12 卷，人民出版社 2017 年版，第 121 页。

入无产阶级队伍的小资产阶级和小生产者的绝望情绪和观点。在第二国际中，德国党内无政府主义派别的代表有"青年派"①，荷兰党内的代表是纽文胡斯分子，法国党内的代表是工团主义者②，在意大利、西班牙等国党内也有一批无政府主义的代表，从而使无政府主义在19世纪末再次成为一种国际现象。年迈的恩格斯积极领导了同无政府主义的斗争。他批评德国党内的"青年派"是"文学家和大学生的骚动"，揭露他们以极"左"的词句为掩盖，反对马克思主义，妄图充当党的"理论家"和"领袖"。恩格斯明确要求把他们开除出党的队伍。

在无政府主义者看来，一切权力都是罪恶，他们反对无产阶级专政，否认党是工人阶级的最高组织形式

---

① 19世纪90年代初，德国社会民主党内出现的一个小资产阶级半无政府主义的派别，主要成员包括一批青年作家和大学生，因此被称为"青年派"，也称为"柏林反对派"。该派的主要领导者有保·恩斯特、保尔·康普夫麦尔、汉·弥勒等人。该派别的机关报是《萨克森工人报》。

② "工团主义"（syndicalism，意为"工会"），19世纪末起源于法国。无政府工团主义者认为，它是推动革命性社会变革的潜在力量，将建立工人民主自治的新社会，取代资本主义与国家。在西班牙、意大利、瑞士、美国也颇有影响。

以及它对工人阶级的领导作用。无政府工团主义妄图以工会代替无产阶级政党,胡说把生产资料转到工会手中是工人阶级的最终目标。无政府主义者反对参加议会选举以及争取社会立法的斗争,主张采取"直接行动"和"恐怖手段"的斗争策略。无政府主义的路线会使"国际"陷于瘫痪,使国际工人运动归于瓦解。

第二国际在1891年8月布鲁塞尔第二次代表大会和1893年3月苏黎世第三次代表大会争论的中心问题是无产阶级的斗争策略以及对待军国主义和战争的态度问题,其中主要内容涉及同无政府主义倾向进行斗争。

布鲁塞尔代表大会于1891年8月16日至22日召开,参加大会的有15个国家的380名代表。[①]一些可能派代表在接受大会的议程和安排的条件下也参加了大会。

在大会上,以纽文胡斯为代表的无政府主义者提出了不论发生何种战争,社会主义者都应号召人民举行总罢工的决议草案。他们断言:无论是侵略战争,还是争

---

① 参见王觉非主编:《欧洲历史大辞典》上,上海辞书出版社2007年版,第577页。

取民族独立的正义战争,都是灾害。他们要求把"直接行动"定为国际社会主义者统一的斗争策略。这一决议草案遭到了多数与会者的反对。威廉·李卜克内西和倍倍尔提出了基本上正确的议案。威廉·李卜克内西指出:战争和军国主义同资本主义制度有不可分割的联系,只有消灭资本主义制度,建立社会主义制度,才能真正根绝战争和军国主义,取得和平。他还指出,纽文胡斯的"总罢工"只是一句空话,不去进行革命的准备工作,任意宣布总罢工,任意宣布革命,是行不通的。由于威廉·李卜克内西的议案并未明确提出采取什么策略和手段来反对军国主义和战争,布鲁塞尔代表大会通过了威廉·李卜克内西的议案,否决了纽文胡斯的议案。

恩格斯全力支持第二国际反对无政府主义者的斗争。他对布鲁塞尔代表大会反对无政府主义的斗争表示满意,并给予很高的评价。恩格斯是坚定地站在马克思主义的原则立场上,以无产阶级的真正革命利益为出发点去反对无政府主义的,他决不允许有些人在反对无政府主义时,以"策略"为借口,背离马克思主义的根本原则。1893年,恩格斯出席了苏黎世大会的最后一次会议,亲自主持了大会闭幕式。代表大会以热烈的掌声欢迎无产阶级革命导师恩格斯莅会。恩格斯在会上发表了热情洋溢的演说。他痛斥无政府主义者对工人运动的破坏,提醒国际和社会主义政党警惕宗派主义的危险,肯定了与无政府主义者在组织上决裂的必要性。与此同时,恩格斯明确指出:"为了不致蜕化成为宗派,我们应当容许讨论,但是必须始终不渝地遵守共同的立场。"① 他同时批判了改良主义者背弃马克思主义的基本原则,妄图把争取议会多数当成工人阶级争取解放的手段。

在苏黎世大会上,无政府主义者开始溃败。1896年在伦敦举行的第二国际第四次代表大会拒绝无政府主义者参加。国际内部一批支持无政府主义的代表同时退出大会。但荷兰代表、无政府主义的同情者纽文胡斯等人仍留下来参加了大会。至此,第二国际反对无政府主义的斗争取得基本胜利。

---

① 《马克思恩格斯全集》第29卷,人民出版社2020年版,第697页。

三、第二国际后期的三次代表大会

从 1907 年至 1912 年的五年里，第二国际召开了三次代表大会：1907 年斯图加特代表大会，1910 年哥本哈根代表大会，1912 年巴塞尔代表大会。这三次大会具有极为重大的历史意义。从会议的规模、所讨论问题的重要性，特别是从马克思主义与修正主义斗争的激烈程度来说，这三次大会都远远超过第二国际前期历史上任何一次。这三次大会的共同特点是俄国布尔什维克代表团在会上起了主导作用，有力地影响了大会的进程。特别是在斯图加特和哥本哈根两次代表大会上，伟大的无产阶级革命导师列宁亲自率领布尔什维克代表团。列宁在会上坚持了马克思主义的革命路线，同各种修正主义观点进行了无情的斗争。列宁无疑是继恩格斯之后第二国际的又一位舵手，是马克思主义理论的引领者和无产阶级革命实践的指导者，为世界社会主义运动和马克思主义理论的发展作出了巨大的贡献。

1. 斯图加特代表大会

第二国际斯图加特代表大会于1907年8月18日至24日举行。这是第二国际第七次代表大会,是俄国1905年革命以后的第一次代表大会,也是进入新的世纪、掀起革命风暴时期的第一次代表大会。在这次代表大会上,列宁第一次在国际工人运动舞台上亮相,他率领俄国布尔什维克代表团出席了大会。

这次大会的代表性很广泛,有884名代表参加,他们来自世界五大洲的25个国家。列宁说:"代表大会不但大规模展示了无产阶级斗争的国际团结,而且在确定各国社会党的策略方面起了突出的作用。大会就许多至今一直由各国社会党自行解决的问题作出了共同的决议。社会主义运动已经团结成一支国际力量,这一点特别明显地表现为需要各国在原则上一致解决的问题数量在增多。"①

---

① 《列宁全集》第16卷,人民出版社2017年版,第79页。

大会讨论的主要问题是：

军国主义和国际冲突问题。第二国际机会主义领袖们对这个问题很挠头。但是当时战争威胁很大，群众迫切需要讨论这个问题。列宁参加了关于这个问题的委员会。在委员会里，代表们提出了四个决议草案：

一是法国社会党人爱尔威[①]的半无政府主义草案——主张用罢工和士兵起义来回答任何战争。这个思想并不生疏，只要回忆一下第二国际前几次代表大会上荷兰代表纽文胡斯关于这个问题的观点，不难找出它们的共同之处。

二是饶勒斯和瓦扬[②]代表法国社会党多数派提出的护国主义的草案——认为进行"防御战"国家的工人应当"保卫祖国"，他们"有义务抵抗进攻，保卫独立

---

① 爱尔威·古斯塔夫（1871—1944），出生于军人家庭，当过教师、律师和记者。1902年参加法国社会党，1910年因宣传并组织直接暴动被捕。第一次世界大战时堕落为社会沙文主义者。
② 爱德华·马里·瓦扬（1840—1915），布朗基主义者，1871年巴黎公社革命领导人之一。在反对米勒兰入阁事件中支持盖得，后又与饶勒斯合作宣扬改良主义道路。第一次世界大战中持沙文主义立场。

自主"。

三是盖得代表法国社会党少数派提出的诡辩主义和回避斗争的草案——否认有专门进行反军国主义斗争的必要性,因为在他们看来,军国主义既然是资本主义的产物,那么反对资本主义的斗争也就是反对军国主义的斗争。

这三个草案有一个共同点:它们都是机会主义的,只是程度不同而已。

四是倍倍尔代表德国代表团提出的议会主义的草案。这个草案比上述三个草案进步的地方是指出了战争是资本主义的产物,只有资本主义制度被消灭以后才能消灭战争。但是,这个决议草案只提出通过议会斗争去反对军国主义和制止侵略战争。

委员会在讨论这些草案时,几乎所有委员都对爱尔威的草案和他的发言进行了激烈的批评。但是,他们使用的武器不是马克思主义,而是机会主义。他们都是以右的观点来代替爱尔威"左"的词句。

机会主义思想表现得特别突出的是德国代表福尔马

尔①。他一面批评爱尔威用罢工和起义回答任何战争,一面公开宣扬民族主义。他认为,社会民主党人应当保卫自己的祖国,反对敌人的侵略。他说:"对人类的高度的爱并不妨碍我们做个很好的德国人。"他认为对待战争的态度问题,应当交给各国党自己去决定。在谈到反对军国主义的具体措施时,福尔马尔主张采取资产阶级认可的办法来阻止战争。他的这些主张是对无产阶级国际主义原则的叛变,实际上是为资产阶级服务。

在讨论中,只有列宁对爱尔威的错误观点作了真正马克思主义的分析和批判。在列宁看来,爱尔威的错误归纳起来有如下几点:

爱尔威的第一个错误是对"无产者没有祖国"这句话作了无政府主义的歪曲。

关于"工人无祖国"的观点。马克思、恩格斯在

---

① 格奥尔格·海因里希·福尔马尔(1850—1922),出生于德国一个官僚家庭,1876年加入德国社会民主党。1878年"非常法"公布后,主张进行暴动和建立秘密组织,1890年该法废除后他又主张阶级调和,和平长入社会主义。一战期间他沦为沙文主义者。

《共产党宣言》早已提到，无产阶级在取得政权以前并不是自己祖国的主人，因此他们当然不能有资产阶级的那种"爱国主义"。但是，不能说无产阶级对生活在哪一种国家都无所谓，无产阶级不能对它所进行斗争的环境和条件采取漠不关心的态度（例如生活在君主制的德国和生活在共和制的法国及与生活在专制制的土耳其的无产阶级所处的斗争条件就不一样）。爱尔威是从否定一切国家的无政府主义思想出发来看待这个问题的，所以他说"任何祖国都只是资本家的奶牛。因为祖国对所有无产者来说只是幻想，说真的，他们不应当为了幻想而拼得头破血流"。这些话，表面上看起来很革命，实质上却是十分错误的。列宁在《好战的军国主义和社会民主党反军国主义的策略》一文中对这个问题作了精辟的分析。[①] 后来，列宁在 1916 年致阿尔曼德的信中又对自己的观点作了进一步的发挥。[②]

爱尔威的第二个错误在于混淆了两种性质不同的战

---

① 参见《列宁全集》第 17 卷，人民出版社 2017 年版，第 169—170 页。
② 参见《列宁全集》第 47 卷，人民出版社 2017 年版，第 445—447 页。

争。在资本主义制度下，有掠夺性的侵略战争，也有解放性的革命战争。无产阶级对待这两种不同性质战争的态度是完全不同的。当然，当时正在酝酿着的世界大战对两个交战集团来说都是掠夺性的战争，但是爱尔威把以罢工和起义来回答任何战争作为一个原则提出来，显然是十分错误的。列宁在《斯图加特国际社会党代表大会》一文中写道："他天真地提议以罢工和起义来'回答'任何战争。他不懂得，战争是资本主义的必然产物，无产阶级不能拒绝参加革命战争，因为这样的战争在资本主义社会中是可能发生的，而且也曾经发生过……"① 在这种对战争进行具体分析的基础上，列宁后来又对自己的理论进行发展，形成了关于两种不同性质战争的一套完整理论。对于这个问题，本书将在后面详细介绍。

爱尔威的第三个错误是不分析无产阶级的斗争条件，用一种"策略药方"来束缚住自己。照爱尔威的主张，当资产阶级发动战争的时候，无产阶级应当立即以

---

① 《列宁全集》第16卷，人民出版社2017年版，第83—84页。

罢工和起义来回应，不管罢工和起义条件是否成熟。反之，即使罢工和起义的条件已经成熟，但如果资产阶级还没有发动战争，那么就应当等待时机。列宁说："那就是剥夺无产阶级选择决战时机的权利，而把这种权利交给敌人。"①

这是一种典型的无政府主义思想："迷信一切'直接行动'的神奇力量，把这种'直接行动'从整个社会政治局势中抽出来，对这种局势又不加任何分析。"②

以上只是错误的一个方面，就是不管条件是否成熟，就盲目发动革命。它的错误的另一方面，就是即使罢工和起义的条件已经成熟，但是资产阶级还没有宣布战争，那么照爱尔威看来，无产阶级还是不应当发动革命，而应当等待时机。从这一点，我们看到了无政府主义的一个特点，就是尽管无政府主义表现得非常"左"，但在很多情况下它往往以右的形式出现。

爱尔威的第四个错误是进行反军国主义斗争时没有

---

① 《列宁全集》第17卷，人民出版社2017年版，第171页。
② 《列宁全集》第17卷，人民出版社2017年版，第170页。

提出以社会主义来代替资本主义,而只是主张以和平代替战争。这在实质上也是一种右倾的表现。无产阶级进行反对军国主义的斗争,绝不是为了争取在资本主义的条件下保持持久和平(这是一种幻想!),而是为了利用战争所产生的危机加速推翻资产阶级的统治。① 在爱尔威非常"左"的言辞中发现这种右的东西,对马克思主义者说来是不足为奇的,因为"左"也好,右也好,都是不要革命。顺便在这里提一下,这位在大战前夕的激烈反对军国主义的爱尔威,在大战发生的开始几天就猛然改变了自己的主场,变成一个他自己痛骂过的、极端的社会爱国主义者。

列宁指出,爱尔威的理论是荒谬和反动的,但是在这种荒谬和反动的理论中有一点实际上正确的内容,这一点正是在其他几个草案中找不到的。列宁写道:"在爱尔威思想中尽管充斥半无政府主义谬论,却也包含了一个实际上正确的内容:促进社会主义运动的发展,这

---

① 参见《列宁全集》第16卷,人民出版社2017年版,第84页。

是指不要仅仅局限于议会斗争手段，要使群众进一步意识到在战争必然引起危机的时候必须采取革命的行动方式，最后，要使群众比较深切地意识到工人的国际团结，意识到资产阶级爱国主义的虚伪性。"①

在批判爱尔威的同时，列宁也批判了右倾机会主义者。右倾机会主义者的错误集中表现在以下两个方面：

第一个方面：他们否认进行反军国主义的革命斗争的必要性和可能性。他们说既然军国主义是资本主义的产儿，而且将和它同归于尽，那也就用不着专门进行反军国主义斗争了。这实际上是回避斗争，不要革命。福尔马尔在发言里只提到社会党人应当用一切办法来影响政府和社会舆论，以防止军事冲突，而没有提出无产阶级的积极任务。倍倍尔虽然提出有进行反军国主义斗争的必要，但是他只主张用和平手段即通过议会活动反对军国主义。机会主义者，特别是福尔马尔，还认为没有进行革命斗争的可能性，因为这样将会使党的组织遭受

---

① 《列宁全集》第16卷，人民出版社2017年版，第84页。

破坏。当然，如何根据各国的具体条件来制定斗争的策略是一个应当研究的问题，但是如果把这一点作为挡箭牌来拒绝斗争，那就是机会主义。德国党在"非常法"时期有过不少秘密活动和非法斗争的经验，而俄国的1905年革命则提供了更丰富的经验，可是福尔马尔等人却不愿去总结。

第二个方面：右倾机会主义者借口区分所谓"防御性"的战争和"进攻性"的战争来宣扬民族主义，驱使无产阶级去为资本家的利润而流血。当时正在酝酿的世界大战是一次帝国主义重新瓜分世界市场的掠夺性战争。两大帝国主义集团都抱着这个共同目的。在这种情况下去研究谁先发动战争、谁先打第一枪是毫无意义的。同时，要区分某一次战争中哪一方是进攻、哪一方是防御是很困难的。资产阶级政府为了欺骗人民，可以很容易地把自己说成是遭受威胁和侵略的国家，而当人民被爱国主义的热情哄起来以后，区别这一点就更为困难。所以，以战争的防御性和进攻性来决定社会党人对战争的态度是不正确的。这样做的结果必然是违反无产阶级的国际主义原则，替资产阶级效劳。列宁说："唯一可能的出发点，不是战争的防御性和进攻性，而是无产阶级阶级斗争的利益，或者说得更清楚些，是国际无产阶级运动的利益。只有从这一点出发，才能探讨和决定社会民主党对国际关系中的这种或那种现象抱什么态度的问题。"①

从以上评述可以看出，在斯图加特代表大会上关于军国主义和国际冲突问题的讨论涉及很多根本性质的问题。"左"的和右的机会主义观点都暴露得很清楚。列宁根据这种情况，率领少数真正的左派社会党人，在会上进行了两条战线上的斗争。列宁指出："如果说爱尔威派的观点是'英勇的愚蠢'，那么福尔马尔、诺斯克和他们的'右翼'同道者的主张则是机会主义的怯懦。"②

在上述四个决议草案中，比较好的是倍倍尔提出的草案。这个草案虽然也具有一定的机会主义思想，但

---

① 《列宁全集》第17卷，人民出版社2017年版，第174页。
② 《列宁全集》第17卷，人民出版社2017年版，第172页。

是它正确地指出了军国主义和资本主义的联系，特别是和资本主义的最高阶段——帝国主义的联系。在盖得的草案里虽然也提到了这一点，但是分析得仍不准确。同时，倍倍尔的草案是代表整个德国代表团提出来的，而且在会上得到了较多的支持。因此，列宁建议以倍倍尔的草案为基础，再由布尔什维克代表团和以罗莎·卢森堡为首的波兰代表团提出一些修改意见，提交大会讨论通过。最后大会通过了倍倍尔的提案。

列宁不仅和会上的左派反复研究，而且多次与倍倍尔谈话。列宁和卢森堡的修改意见归纳起来有以下三点："（1）说明军国主义是阶级压迫的主要工具；（2）指出在青年中进行鼓动工作的任务；（3）强调社会民主党的任务不仅是防止战争的爆发或尽快结束已经爆发的战争，而且还要利用战争造成的危机来加速资产阶级的崩溃。"[①] 此外，在修正案中还加入了饶勒斯提出的、列宁同意的一点补充，就是不要具体规定各国无产

---

① 《列宁全集》第16卷，人民出版社2017年版，第84页。

阶级反军国主义的具体手段（如罢工、起义等），而是提出无产阶级反战斗争的各个历史范例，从欧洲的游行示威开始到俄国的革命为止。

经过列宁和卢森堡修改的倍倍尔的草案，面目就大为改变了。正如列宁所说的："这样一改，倍倍尔原来那个教条主义的、片面的、僵化的、可以作福尔马尔式的解释的决议案终于面目为之一新。决议案重申了一切理论上的道理，以教训那些为了反军国主义而忘记社会主义的爱尔威分子。但是这些道理并不是要我们去为议会迷辩护，去一味推崇和平手段，歌颂当前相对和平与平静的局势，而是要承认一切斗争手段，要估计到俄国革命的经验，要发扬运动中有积极作用的和创造性的方面。"① 大会最后通过了经过列宁和卢森堡修改过的倍倍尔的决议草案。这是马克思主义的一次重大胜利。

斯图加特代表大会上通过的关于军国主义问题的决议具有很重大的历史意义。这是列宁的功绩。第二国际

---

① 《列宁全集》第16卷，人民出版社2017年版，第73页。

以前几乎每次代表大会都讨论这个问题,但都没有作出理想的决议。在1910年的哥本哈根代表大会上,鉴于战争的迫近,再次讨论了这个问题,大会重申了斯图加特代表大会的决议。

殖民地问题是斯图加特大会上讨论的另一个重要问题。第二国际的代表大会上讨论这个问题已经不是第一次了,但是在这次的讨论中更清楚地暴露了机会主义的真实面目。

在殖民地问题委员会里,荷兰代表万-科尔提出了一个极端机会主义的决议草案。这个草案的机会主义思想表现在:(1)完全抛弃了1896年第二国际伦敦代表大会提出的民族自决权的口号,仅仅要求在殖民地实行某些改革;(2)提出了所谓的"社会主义殖民政策"的概念,来替帝国主义的殖民侵略辩护。从这两点不难看出第二国际机会主义者是帝国主义利益的代表。

我们知道,第二国际1896年伦敦代表大会提出了给予殖民地以民族自决权的口号。尽管当时还没有对民族自决权的原理作出完整的马克思主义的分析和论证,但它的正确性是无可争辩的。列宁在不少文章里都指出过这个问题的重大意义。可是，第二国际的机会主义者从来没有为实现这个原则而进行任何斗争，而且不久就公开抛弃了这个原则。在斯图加特代表大会上，为了掩饰他们对殖民地人民利益的背叛，机会主义者们假惺惺地提出要求在殖民地进行各种改革，把自己装扮为殖民地人民利益的捍卫者。他们还攻击左派社会党人"不了解改良的意义"和"没有切实的殖民纲领"等。列宁对这种机会主义观点进行了尖锐的批评。他指出："社会主义从来不反对在殖民地也要进行改良，但是这同削弱我们反对对其他民族征服、奴役、施加暴力和进行掠夺的'殖民政策'这一原则立场，没有也不应有丝毫共同之处。"[①]

万-科尔在决议草案里提出了所谓"社会主义殖民政策"的概念。草案写道："大会并不在原则上和在任何时候都谴责任何殖民政策，殖民政策在社会主义制度下可以起传播文明的作用。"[②] 众所周知，资本主义的殖

----

① 《列宁全集》第16卷，人民出版社2017年版，第69页。
② 《列宁全集》第16卷，人民出版社2017年版，第68—69页。

民政策是建立在直接奴役不发达国家和民族基础上的。对殖民地的剥削和掠夺到了帝国时代更为加剧。作为国际无产阶级的代表,不去揭露和谴责这种罪行,不去号召各国无产者联合起来制止本国政府对殖民地的压迫和奴役,反而用什么"社会主义的殖民政策"来模棱两可地说明可以在原则上承认殖民政策,是错误的。列宁说:"这就是公开转向资产阶级的观点。这就是在使无产阶级服从资产阶级思想、服从目前特别嚣张的资产阶级帝国主义方面跨出的坚决的一步。"①

万-科尔在发言中直截了当地指出,人类存在一天,殖民地便存在一天,并且我相信,它将长期存在下去,因此他认为,"社会主义的殖民政策"是完全必要的。伯恩施坦在会上完全赞同和支持这种观点,认为:"文明国家对非文明国家的一种监护关系是有必要的,社会主义者也应该承认这点。……然而落后国家应当按公理服从文化进步的国家。"这种论调实际上是对殖民侵略

---

① 《列宁全集》第16卷,人民出版社2017年版,第80页。

的一种默认和辩护，充分表明第二国际的机会主义者完全成了帝国主义的代言人。列宁说："这个论点实际上等于直接向资产阶级政策倒退，向替殖民战争及野蛮行为辩护的资产阶级世界观倒退。"①

在委员会里，以德国中派代表累得堡为首的少数人不同意万-科尔的草案。他们提出了自己的草案。这个草案比机会主义的草案进步的地方是对资本主义殖民侵略进行了揭露和谴责，号召社会党人起来反对这种政策。但是它也没有提出民族自决权，更没有用马克思主义的理论来说明殖民地民族的解放斗争是无产阶级革命的同盟军。在谈到同殖民政策作斗争时，也只是提出了议会手段。但是，这个草案与万-科尔的彻头彻尾机会主义的草案相比，终究要好一些。所以左派社会党人和布尔什维克的代表支持了这个少数派的草案。

两个草案提交全体大会进行了表决，结果以 128 票对 108 票（10 票弃权）通过了少数派的草案，万-科

---

① 《列宁全集》第 16 卷，人民出版社 2017 年版，第 69 页。

尔的草案遭到了否决。少数派草案之所以能获得通过，是因为殖民地国家的代表都反对万-科尔的草案。所以列宁指出，关于殖民地问题的表决除了暴露了机会主义的真面目以外，还暴露了欧洲工人运动中的一个重大的缺点。这一点更有力地说明了那些号称社会主义者的第二国际活动家在实质上是资产阶级在工人运动内部的代理人。

在斯图加特代表大会上还讨论了关于党和工会的关系问题。

2. 哥本哈根代表大会

哥本哈根代表大会于1910年8月28日至9月3日举行，出席大会的有23个国家的896名代表。从各国代表的人数看来，德国仍然居第一位，有189名之多，其他各国除英国、瑞典、奥地利以外，都没超过50名。俄国代表仅有39名。以列宁为首的布尔什维克和各国左派社会党人在会上仍是少数。大会讨论的问题很多，列入议程的共有九个问题，其中有的意义不大，有的仅是重复了前几次大会的决议。

哥本哈根代表大会上讨论的最重要的问题是关于合作社与政党的相互关系问题。从议程上看，虽然只是合作社和政党的相互关系，但在讨论中，内容涉及得更广。讨论时很自然地涉及对合作社和合作运动的估价问题，这也就涉及社会主义革命的道路问题。因此，列宁对这一问题的讨论十分重视，他亲自参加了这个问题的委员会。参加该委员会的布尔什维克代表还有伏伊诺夫，即卢那察尔斯基①。

合作社问题在哥本哈根代表大会上成为最重要问题不是偶然的。19 世纪末 20 世纪初，合作社运动在西欧各国有很大的发展。根据各国向大会提供的材料来看，在 1906 年，英国已有 1448 个合作社，拥有社员 2222457 人；德国有 2070 个合作社，社员 1200000 人；法国有 2166 个合作社，社员 650000 人；比利时

---

① 阿·瓦·卢那察尔斯基（1875—1933），苏联教育家、文学理论家。出生于乌克兰波尔塔瓦一个开明官吏家庭。1895 年进瑞士苏黎世大学学习。同年参加俄国社会民主工党，1898 年回莫斯科从事革命工作，第一次世界大战中持国际主义立场。是十月革命的领导人之一。1930 年当选苏联科学院院士。

有250个合作社,社员200000人。[①]随着运动的发展,关于这个问题的机会主义观点也传播开来。机会主义者大力宣传通过合作社和平过渡到社会主义的谬论。如果说,在第一国际时期蒲鲁东的通过合作社来建成社会主义的思想曾经给工人运动带来了巨大的危害,那么到了帝国主义时代,也就是在无产阶级革命条件成熟的时代,危害性就更大了。列宁清楚地看到了这一点。所以在哥本哈根代表大会上他就集中全力在这个问题上同机会主义进行了斗争。

斗争是艰巨和复杂的。我们知道,列宁领导的左派在会上算少数派。在这种情况下就特别需要讲究斗争策略。

在代表大会开幕以前就已经公布了三个关于合作社问题的决议草案:

一个是饶勒斯代表法国社会党多数派提出的机会主义草案。这个草案把合作社捧上了天,认为"合作社可以帮助工人准备实行生产资料和交换手段的民主化和社会化",也就是说,通过合作社,资本主义可以和平长

[①] [苏]伊·布拉斯拉夫斯基:《第一国际、第二国际历史资料:第二国际》,中国人民大学编译室译,生活·读书·新知三联书店1964年版,第163页。

入社会主义。德国代表艾里姆完全支持这个草案。

一个是盖得代表法国代表团少数派提出的决议草案。这个草案承认合作社对无产阶级斗争的意义,认为它是进行这种斗争的工具,是一种辅助手段。但同时也指出,要防止对合作社的幻想,认为群众的真正任务是夺取政权,把生产手段和交换手段收归公有。这个草案的精神基本上是符合马克思主义的。

一个是比利时社会党提出的草案。草案也指出了建立合作社的意义,但是反对把它看成某种独立自主的东西和某种解决社会问题的手段。草案里很多地方和盖得的草案比较接近,但提得不够明确。比利时的代表在这个问题上只是不自觉地反对了机会主义。正如列宁所指出的,"他们同饶勒斯和埃尔姆进行争论也多半是出于他们的以真正无产阶级精神办合作社事业的本能,而不是因为他们清楚地认识到无产阶级和小资产阶级对这一问题的看法势不两立"[1]。

---

[1] 《列宁全集》第19卷,人民出版社2017年版,第342页。

在委员会里进行讨论的时候,以卡尔彼列斯为首的奥地利调和派支持比利时的草案。于是,在比利时社会党草案的基础上产生了一个奥比混合草案。这个草案对机会主义作了某些让步,是一个折中方案。在这个草案中写道:合作社的使命之一是"培养工人独立管理自身事务的能力,从而帮助他们为交换的民主化和社会化准备条件"。这句话显然是对机会主义的一个让步。在党和合作社的关系问题上也提得很笼统"工人阶级在其反对资本主义的斗争中极其关心政治组织、工会组织和合作社组织之间建立更加紧密的联系,而又不破坏它们各自的独立"。这样的提法,机会主义者自然是能够接受的。

经过激烈的斗争,大会通过了折中的奥比混合决议草案。

关于合作社问题上两条路线的分歧,实际上就是革命和改良之间的分歧。

列宁在这次斗争中所采取的策略,大概可归纳为以下几点:

第一，不隐瞒自己的观点。列宁在会上代表俄国社会民主工党代表团提出了一个马克思主义的决议草案。草案明确指出：合作社不是同资本进行直接斗争的组织，认为它能解决社会问题只是一种错觉。"只要社会主义的主要目的——对掌握生产资料和交换手段的阶级实行剥夺，还没有实现，合作社所争得的一些改善就极为有限。"[①] 列宁明明知道这样一份革命的草案是不可能被机会主义者所接受的，因为他们在会上占着绝对的优势，但列宁还是提出了这个与机会主义针锋相对的观点，目的是树立对立面，使两条路线的分歧明朗化。在列宁看来，只有揭开矛盾，才能辨明是非，解决矛盾。

第二，支持折中的奥比混合草案，并且力争对它进行一些重要的马克思主义的修改。列宁的草案被否决以后，他便支持奥比混合草案。这个草案虽然也带有一些机会主义观点，但与饶勒斯的机会主义草案相比，还是要强得多。同时，比利时代表团在会上的影响很大，奥

---

① 《列宁全集》第19卷，人民出版社2017年版，第307页。

比混合草案得到大多数代表的支持,估计容易通过,因此列宁就支持这个草案。

列宁知道,盖得的草案比奥比混合草案要进步得多,但是这个草案在会上的群众基础较差,所以他没有支持盖得草案。列宁在支持奥比混合草案的同时,努力想对它进行一些修改。他和盖得联合对奥比混合草案提出了两项重要的修改:第一,把"(合作社)有助于工人为实行生产资料和交换手段的民主化和社会化而作准备"这一句改为"(合作社)有助于在一定程度上为使生产和交换在资本家阶级被剥夺以后发挥作用而作准备"①。第二,对于合作社和党的关系问题,他也引用了马克思主义的提法来代替原来的含糊笼统的提法。但是这两项修改也在委员会里被否决了。

第三,集中力量打击以饶勒斯和艾里姆为首的机会主义者。列宁支持奥比混合草案以及提出对它进行修改,都是为了反对饶勒斯的草案,为了集中力量打击机

---

① 《列宁全集》第19卷,人民出版社2017年版,第346页。

会主义。列宁在委员会里团结了包括中间分子在内的一切力量。他不仅联合盖得、波兰社会民主党人，而且和德国代表乌尔木一起讨论过。乌尔木是《新时代》杂志的副编辑，是一个软弱的妥协分子，但是很有威望。

第四，在不能达到最高要求时，在不损害无产阶级根本利益的前提下，可以作一些让步。列宁在彻底揭露和批判了饶勒斯的草案以后，为了避免因局部性的问题在大会上引起大战，便投票赞成了以奥比混合草案为基础的决议草案。

以上就是列宁在哥本哈根代表大会上讨论合作社问题时与机会主义斗争的情况和所采取的策略。

在分析哥本哈根代表大会的意义时，列宁指出："哥本哈根代表大会标志着工人运动的一个发展阶段，工人运动可以说走上了一个主要是向广度发展的阶段，并且开始把无产阶级合作社纳入阶级斗争的轨道。同修正主义者的分歧已经露出苗头，但是修正主义者要提出独立的纲领还为时尚早。同修正主义者的斗争往后推了，但是这场斗争不可避免地将要到来。"①

3.巴塞尔代表大会和巴塞尔宣言

哥本哈根代表大会以后,国际紧张局势加剧。帝国主义列强加紧准备重新瓜分世界。1911年,法国军队侵入了摩洛哥的首都非斯。德国向法国表示抗议,并提出要占领法属刚果来威胁法国。世界大战有一触即发的可能。这就是历史上所称的第二次"摩洛哥危机"。"摩洛哥危机"尚未结束,1911年又爆发了意土战争。意大利为了夺取土耳其在北非的殖民地的里波里向土耳其宣战。沙皇俄国支持意大利。1912年10月,爆发了巴尔干战争。巴尔干各小国为了反抗共同的敌人土耳其而结成联盟,并且向土耳其宣战。这次战争对巴尔干各小国来说是具有进步性质的。可是,帝国主义列强企图利用这次战争来达到自己的掠夺目的。俄国想利用巴尔干诸国来削弱土耳其,德国和奥地利则支持土耳其。所以这次战争大大增加了爆发帝国主义世界大战的可能。

---

① 《列宁全集》第19卷,人民出版社2017年版,第348页。

这时，第二国际各党进一步机会主义化了。但是由于形势的尖锐化和劳动群众的反战要求，根据社会主义国际局的决定，1912年12月24日至25日在瑞士的巴塞尔召开了第二国际的非常代表大会。欧洲各国社会党都有代表出席这次大会。大会只开了两天，出席会议的有来自22个国家的55位代表。大会集中讨论了一个问题，即反对战争威胁问题。会上没有任何争论就一致通过了《国际局势和反对战争的统一行动》的宣言，这就是有名的巴塞尔宣言。

宣言肯定了行将到来的战争是帝国主义性质的战争，阐述了社会党人对待战争的观点和策略，制定了国际无产阶级和各国社会党防止战争、保卫和平的具体任务。

宣言重申了斯图加特代表大会决议的基本原则，号召各国社会党和全体劳动人民用一切手段来制止战争，并且指出：一旦战争爆发，便利用它来加速社会革命的进程。巴塞尔宣言向各国政府提出了警告，指出发动战争对他们自己将是十分危险的。这个宣言反映了当时全世界无产阶级的反战情结和革命情绪。

宣言也有一些缺点。例如宣言说："国际的最重要的任务落在德国、法国和英国的工人阶级身上。"这表现了对俄国工人运动的估计不足。同时，宣言也没有具体指出，一旦战争爆发，社会党人应当号召无产阶级起来反对本国政府，变帝国主义战争为国内战争。但是，尽管存在这些缺点，宣言的内容基本上是正确的。列宁对巴塞尔宣言作了极高的评价。他说："决议总结了各国大量的反战宣传鼓动文献，最确切而全面地、最庄严而正式地阐述了社会党人对战争的观点和策略。"①

各国社会党的领袖在群众的压力下，都在这个宣言上签了字。但是，巴塞尔会议以后，他们没有用实际行动来贯彻这个宣言。他们只是在口头上拥护宣言，而实际上把它抛在一边。只有以列宁为首的布尔什维克始终一贯地执行了这个宣言，并且高举巴塞尔宣言的旗帜与第二国际的机会主义者进行了坚决的斗争。

---

① 《列宁全集》第26卷，人民出版社2017年版，第224—225页。

四、第一次世界大战和第二国际的破产

1. 第一次世界大战及其性质

经过各帝国主义国家的长期准备,第一次世界大战终于在 1914 年 8 月爆发了。到大战结束前夕,卷入战争的共有 28 个国家。这些国家组成了两大对立的集团:一个是以英、法、俄国为主的协约国集团,另一个是以德、奥匈、土耳其、意大利[①]为主的同盟国集团。这是人类有史以来发生的首次规模最大的战争,是资本帝国主义制度的必然产物,也是资本主义世界经济体系总危机的第一次表现。

爆发这次战争的主要原因是两大帝国主义集团要掠夺和重新瓜分殖民地。

政治上、经济上发展的不平衡性是资本主义的规

---

① 意大利最初曾参加协约国集团作战,但 1915 年 4 月转到了同盟国一边。

律。这个规律到了帝国主义时代更加剧烈。后起的资本主义国家很快赶上并超过了先进的资本主义国家。经济上的飞速发展使这些后起的资本主义国家要求得到更多的殖民地。但是，到了20世纪初期，世界上的领土已经被瓜分完毕。帝国主义列强之间的这种矛盾决定了第一次世界大战的不可避免性。列宁指出："金融资本和托拉斯不是削弱而是加强了世界经济各个部分在发展速度上的差异。既然实力对比发生了变化，那么在资本主义制度下，除了用实力来解决矛盾，还有什么别的办法呢？"[1]

在大战爆发前夕，德国在经济发展上已经远远超过了英法等老牌资本主义国家。1913年，德国产铁1660万吨，而英国只有1050万吨；在钢产量方面德国则达到了英国的两倍以上。但是，德国在殖民地占有方面落后于英法两国。1914年，德国只有290万平方公里殖民地，英国约有3400万平方公里，法国也有1060万

---

[1]《列宁全集》第27卷，人民出版社2017年版，第408—409页。

平方公里。这种情况使德、法两国强烈要求重新瓜分世界，而要达到这个目的，必须借助于战争。

英国不仅想保持已有的殖民地，还想夺取德国的殖民地，并且想从土耳其手中夺取美索不达米亚和巴勒斯坦。法国想从德国夺回20世纪70年代初被德国夺去的阿尔萨斯－洛林和莱茵河左岸地区。俄国想从奥匈帝国手中夺取加里西亚，并且想从土耳其夺取通过地中海的海峡和君士坦丁堡。

美帝国主义虽然在战争初期伪装中立，实际上在战争中扮演了一个积极的角色。它利用交战双方的困难，通过供应军火和各种物资大发横财，从战前的债务国一跃而成为最大的债权国。1917年4月，当交战双方已经筋疲力尽的时候，它参加了协约国集团，为的是操纵和约，达到在战后称霸世界的目的。

从以上情况可以看出，帝国主义列强企图重新瓜分世界是第一次世界大战发生的主要原因。此外，还应当指出：帝国主义列强企图通过战争来阻挠和扼杀本国正在蓬勃发展的无产阶级革命运动，也是第一次世界大战发生的另一个重要原因。列宁说:"征服其他国家;打垮竞争的国家并掠夺其财富;转移劳动群众对俄、德、英等国国内政治危机的注意力;分裂工人,用民族主义愚弄工人,消灭他们的先锋队,以削弱无产阶级的革命运动——这就是当前这场战争唯一真实的内容、作用和意义。"①

第一次世界大战对第二国际和各国社会党是一个严峻的考验。历史表明,这些政党没能经得起这个考验,在严重关头彻底背叛了无产阶级,致使第二国际最终破产。

从上述大战的起因就可以看出战争的性质:这次战争是帝国主义性质的战争,是掠夺性、侵略性的战争,是非正义的战争。协约国也好,同盟国也好,都是一丘之貉。

列宁写道:"社会民主党的责任,首先是揭露这场战争的这种真实意义,无情地揭穿统治阶级即地主和资

---

① 《列宁全集》第26卷,人民出版社2017年版,第12页。

产阶级为了替战争辩护而散布的谎言、诡辩和'爱国主义的'花言巧语。"[1]他在《战争和俄国社会民主党》《打着别人的旗帜》《第二国际的破产》《社会主义与战争》等著作中,对一切公开的和隐藏的社会沙文主义者关于战争性质问题的各种谎言进行了无情揭露和批判。

公开的沙文主义者的谬论是不值一驳的。从各国资产阶级参加这次战争的掠夺目的就可以揭穿他们的"爱国主义"谎言。德国的沙文主义者打着反对沙皇专制制度的旗号,把自己的资产阶级政府说成是"解放者";英法的沙文主义者打着反对德国军国主义和暴力统治的旗号,标榜本国是"先进的""民主的"国家。列宁通过具体的事实有力地揭穿了这种欺骗。他指出:"两个参战国集团在战争中都在掠夺,都表现出野蛮和无限残暴,谁也丝毫不比对手逊色。"[2]这是一场"最大的奴隶主之间为保存和巩固奴隶制而进行的战争"[3]。

---

[1] 《列宁全集》第26卷,人民出版社2017年版,第12页。
[2] 《列宁全集》第26卷,人民出版社2017年版,第13页。
[3] 《列宁全集》第26卷,人民出版社2017年版,第325页。

列宁着重批判了隐蔽的社会沙文主义者——中派。考茨基就是这种隐蔽的沙文主义者的主要代表。在战争的性质和对待战争的态度问题上,考茨基打着所谓"公正"的旗号。他说:"马克思主义'中派'忠于自己的传统,在世界大战中也采取一种中间立场。它拒绝无条件地充当反对派的义务(这是从战争的帝国主义性质中产生的),也拒绝无条件地支持政府的义务(这是从'保卫祖国'的原则中产生的)。"① 从这种立场出发,考茨基使用他一贯的诡辩手法,企图证明第一次世界大战既是帝国主义战争,又是民族战争。他不是投票反对战争拨款,而是在表决中弃权。考茨基把资本主义上升时期进行的资产阶级民族战争和帝国主义时期的掠夺战争混淆起来,胡说第一次世界大战和19世纪反对异族压迫的民族战争有相似之处;既然马克思、恩格斯曾经支持那种战争,那么第二国际各党也就可以支持今天本国政府所进行的这种战争。

---

① 《帝国主义战争》,原载1917年2月16日《新时代》周刊 *Heue Zeit*(德文);转引自《考茨基言论》,生活·读书·新知三联书店1966年版,第247页。

列宁有力地驳斥了这种谬论和诡辩。列宁把时代和战争联系起来考察，严格区分了资本主义上升时期的民族战争和帝国主义时代的掠夺战争。在1789年至1871年，资本主义还处在上升阶段，当时社会上存在着资本主义与封建主义的矛盾。在这个时期，各国都发生过资产阶级领导的反对封建专制和反对异族压迫的民族战争。毫无疑问，这种战争是具有进步性的，因为这些战事和这些国家的资产阶级革命联系在一起，在有些国家里甚至是进行资产阶级革命的。无产阶级在这个时期虽然已经登上了历史舞台，但是进行社会主义革命的客观条件还没有成熟。因此，从有利于进一步开展斗争的目的出发，无产阶级总是站在彻底民主派的立场支持资产阶级进行这种民族战争，并且争取这个战争的胜利。到了帝国主义时代，情况就完全不同了。资产阶级从上升的、进步的阶级变成了没落的、反动的阶级，资本主义已经成了生产力发展的桎梏。资产阶级在这个时期所进行的战争只具有掠夺性质，没有任何进步的民族战争因素了。而在这个时期，无产阶级进行社会主义革命的客观条件已经具备。所以,无产阶级在这种战争中不仅不应当支持本国的资产阶级政府,而是应当以社会主义革命来结束这种战争。由此可见,机会主义者说第一次世界大战不是纯粹帝国主义的战争而具有民族性质是何等的荒谬和反动!列宁说:"当帝国主义者分明用'民族的'词句来掩盖赤裸裸的掠夺的目的,肆无忌惮地欺骗'人民群众'的时候,有人却说战争不是'纯粹'帝国主义性质的,这种人不是愚蠢透顶的学究,就是吹毛求疵者和骗子。问题的整个实质就在于考茨基在帮助帝国主义者欺骗人民。"①

社会沙文主义者用所谓"防御战"和"进攻战"的理论来为自己的叛变行为辩护。他们认为"谁放第一枪"是判断战争性质的标准。列宁有力地批判了这种完全站不住脚的谬论。对于这个问题,在大战以前就已经有过争论。大战发生以后,这种论调更为普遍起来了。不仅公开的沙文主义者这么说,隐蔽的沙文主义者也这

---

① 《列宁全集》第26卷,人民出版社2017年版,第253页。

么说。考茨基在 1914 年 10 月发表的《战争时期的社会民主党》一文中写道:"尽管让人们去争论:谁是进攻者,谁是被进攻者;什么对欧洲民主的威胁较大,是德国战胜法国呢,还是俄国战胜德国。但是有一点是显而易见的:每一民族以及每一民族的无产阶级所迫切关心的是,阻止国家的敌人越过国境,因为那样一来,战争的恐怖和破坏就会采取最可怕的方式,敌人入侵的方式。而在每个民族国家中,无产阶级也应该拿出自己的一切力量来使国土的独立和完整不受侵犯。"[①] 考茨基这段话,尽管是躲躲闪闪、羞羞答答的,实际上还是把战争分为"防御的"和"进攻的"两种,而主张无产阶级应当支持"防御战争"。

应当指出:在任何战争中都有进攻和防御两方,这仅仅是一种现象。不能把正义战争和防御战争完全等同起来,也不能把侵略战争和进攻战争完全等同起来。侵略者有时也会被迫转入防御,被侵略者也常常采取进攻

---

① 原载 1914 年 10 月 2 日《新时代》周刊 *Heue Zeit*(德文);转引自《考茨基言论》,生活·读书·新知三联书店 1966 年版,第 187 页。

方式，甚至为了追歼敌人而深入敌国境内。这样的例子在历史上俯拾皆是。所以，对正义的战争，即使是采取了进攻的形式，无产阶级和一切的革命社会党人都应当给以支持。列宁在谈到这一点时曾经指出："假如明天摩洛哥向法国宣战，印度向英国宣战，波斯或中国向俄国宣战等等，这些战争就都是'正义的'、'防御性的'战争，而不管是谁首先发动进攻。任何一个社会党人都会希望被压迫的、附属的、主权不完整的国家战胜压迫者、奴隶主和掠夺者的'大'国。"①

在分析第一次世界大战的性质时，列宁发展了马克思主义关于战争的学说，建立了一套系统的关于战争的理论和策略。

2. 第二国际的破产

关于第二国际的破产，列宁在 1915 年 5 月至 6 月写的一篇《第二国际的破产》的长文中一开始就指出："对于第二国际的破产，人们有时单从形式方面去理解，

---

① 《列宁全集》第 26 卷，人民出版社 2017 年版，第 324 页。

认为是交战国社会党之间的国际联系的中断,国际代表会议和社会党国际局会议的无法召开,等等……"①

列宁指出:"对于觉悟的工人来说,社会主义是一种庄严的信念,……国际的破产就是大多数正式社会民主党令人触目惊心地背叛了自己的信念,背叛了自己在斯图加特国际代表大会和巴塞尔国际代表大会上的演说、决议等等中所作的最庄严的声明……"②

列宁指出:"战争虽然会造成种种灾祸和苦难,但也会带来相当大的好处:战争会无情地暴露、揭穿和破坏人类制度中许多腐朽、过时和僵死的东西。1914—1915年的欧洲大战也开始给人类带来明显好处:它向文明国家的先进阶级表明,在他们的政党身上一种令人恶心的脓疮已经成熟,从某处还散发出一股难闻的尸臭。"③

在大战爆发以前,国际社会党人已经不止一次地

---

① 《列宁全集》第26卷,人民出版社2017年版,第223页。
② 《列宁全集》第26卷,人民出版社2017年版,第223页。
③ 《列宁全集》第26卷,人民出版社2017年版,第224页。

讨论过应当如何对待这次行将爆发的帝国主义战争，并且作出了正确的决议。可是战争爆发以后，第二国际各国党的机会主义领袖们公开抛弃了这些决议，特别是1912年的巴塞尔宣言。他们彻底抛弃了无产阶级国际主义原则，背叛了社会主义的革命事业，站到了本国资产阶级政府方面。他们不是号召无产阶级用革命行动去推翻本国的资产阶级政府，而是以"保卫祖国"和"国内和平"等口号来欺骗无产阶级和本国政府实行合作的一次空前的大叛变。

在这场大叛变中，罪魁祸首是德国社会民主党的机会主义领袖。德国社会民主党是第二国际中历史最久、党员最多、影响最大的政党，从第二国际成立开始，一直处在领导地位。然而，正是这个党的大多数领袖，在战争爆发以后，最先背弃了无产阶级的革命事业，践踏了无产阶级的国际主义原则。

1914年8月4日，第一次世界大战爆发后的第三天，德国社会民主党的议会党团在帝国议会中投票赞成政府的军事预算，同意拨款进行帝国主义战争。为了欺骗工人阶级,他们把这场帝国主义战争说成是由于敌国入侵而进行的自卫战争。议会党团主席胡果·哈阿兹在议会中宣布:敌人进攻的惨祸正在威胁着我们。因此我们现在不是投票表决赞成战争或反对战争的问题,而是要解决为保卫祖国而拨出必要的数额资金的问题。

法国社会党也于此年8月4日在下院投票赞成政府的军事预算。三个星期以后,该党的领袖盖得和桑巴参加了资产阶级政府。为了替这种背叛行为辩护,由法国社会党议会党团、社会党常委会和《人道报》编委会联名发表了一个法国社会党关于党员参加政府的宣言。宣言提到:如果只是通常的那种参加资产阶级政府,那么我们和我们的朋友们无论如何也不会同意。但是,现在问题关系到民族的未来和法国的生存,因而党再没有什么可以考虑的了。

继德法两国社会民主党之后,欧洲交战国大多数社会民主党和工党都采取了同样的社会沙文主义的政策。比利时工党机会主义领袖王德威尔德、英国工党主席韩德逊相继加入了资产阶级政府。在俄国,孟什维克也以抵抗德国侵略为借口，明确支持沙皇政府进行这场掠夺战争。普列汉诺夫在孟什维克致国家杜马议员布里扬诺夫的信里说："投票反对军事预算将是对于人民的叛变……投票赞成吧！"

美国社会党的机会主义领袖们，虽然在口头上谴责这场战争，说这是"失掉理智的冲突"，他们却替欧洲各个社会民主党的沙文主义立场辩护。1914年9月11日，美国社会党全国执行委员会发表声明：我们不想对欧洲兄弟党的行动妄加判断，我们了解他们是目前可恶的工业、政治和军事制度的牺牲品，他们在这种环境下尽了最大的努力。

虽然中立国家的社会党人，在战争爆发以后还在表面上保持着联系，但由于交战各国的主要社会党已投入本国资产阶级的怀抱而互相对立起来，作为无产阶级国际主义组织的第二国际，实际上已不可能存在了。当然，我们不能从表面上来理解这个问题，似乎第二国际的破产只是各国党之间的联系因战争爆发而中断了。我们说的第二国际的破产指的是它在政治上、思想上的破产。

第二国际破产不是突然发生的。这是一个从量变到质变的过程。只要追溯一下第二国际的历史，就不难理解这一点。第二国际各机会主义政党在战前就奉行机会主义的阶级合作政策，只是有时表现得不太明显而已。战争爆发以后，也就是说到了阶级矛盾尖锐化的时候，问题便集中暴露出来。

第二国际的破产不是偶然的，有其深刻的思想根源、阶级根源和历史根源。

（1）第二国际破产的思想根源：第二国际是被机会主义葬送了的。列宁说："机会主义者早就在为这一破产准备条件了。"[①] 这就是第二国际破产的思想根源。从第二国际成立起，在国际内部就出现了机会主义。所以，严格来说在那时就已经种下了破产的种子。但是由于恩格斯与机会主义不断地进行斗争，在19世纪90年代中叶以前，机会主义思想还没有在国际内部占统治地位，第二国际基本上沿着革命路线发展。恩格斯逝世以

---

① 《列宁全集》第26卷，人民出版社2017年版，第16页。

后,机会主义逐渐嚣张起来。第二国际的领袖们非但不与之斗争,而且自己也逐渐沾染了这种毛病。于是机会主义便在国际内部逐渐占据了领导地位,最后导致第二国际的破产。

机会主义的内容是什么呢?按照列宁简洁明确的说法:"机会主义的主要内容就是阶级合作的思想。"[1] 马克思主义关于暴力革命和无产阶级专政的学说正是从这个阶级斗争的观点出发的。

促使第二国际破产的直接因素是社会沙文主义。社会沙文主义就是机会主义的阶级合作思想在战争时期的表现形式。列宁说:"社会沙文主义就是熟透了的机会主义。"[2] 在战争条件下,社会沙文主义者的阶级合作思想已经不再表现为同资产阶级秘密的、思想上的联盟,而是表现为公开的、组织上的联盟(如参加资产阶级政府)了。列宁说,战争使机会主义的阶级合作思想"发展到了顶点",机会主义"用特殊的威胁和暴力迫使普

---

[1] 《列宁全集》第26卷,人民出版社2017年版,第259页。
[2] 《列宁全集》第26卷,人民出版社2017年版,第261页。

通的分散的群众同资产阶级实行合作"①。正是这种机会主义的阶级合作思想——社会沙文主义最终葬送了第二国际。

（2）第二国际破产的阶级根源：机会主义的主要社会支柱是资产阶级化了的工人贵族。这就是第二国际破产的阶级根源。我们可以说第二国际是被资产阶级化了的工人贵族断送了的。这些资产阶级化了的工人贵族则是帝国主义政策的产物。②

（3）第二国际破产的历史根源：资产阶级化了的工人贵族的出现和机会主义思想的传播不是偶然的。这与从1871年到1905年资本主义的"和平"发展时期的条件是分不开的。列宁说："几十年的'和平'时代自然不会不留下痕迹。它使机会主义不可避免地在一切国家中形成。"③列宁又说："第二国际的破产是在那个已经过去了的（所谓'和平的'）历史时代的特点的基础上

---

① 《列宁全集》第26卷，人民出版社2017年版，第259页。
② 参见《列宁全集》第27卷，人民出版社2017年版，第330页。
③ 《列宁全集》第27卷，人民出版社2017年版，第104页。

发展起来并于近几年在国际中取得了实际统治地位的机会主义的破产。"①

（4）第二国际破产的主观原因：这就是各国党在长时期同机会主义和平共处，没有进行坚决的反对机会主义的斗争。恩格斯逝世以后，第二国际的领袖们，即所谓的"正统派"，完全放弃了和伯恩施坦、米勒兰等公开的机会主义的斗争，不仅如此，他们自己也逐渐变成了机会主义者。

3. 列宁对考茨基"超帝国主义论"的批判

第一次世界大战爆发以后，第二国际内部继续存在着左、中、右三派。

左派是第二国际各党内的革命派，是国际主义者。德国党内左派的主要代表是卡尔·李卜克内西和罗莎·卢森堡。意大利的主要左派是从比索拉蒂②党分裂出来的左翼工人党（意大利工人党）。在英国社会党内大约有

---

① 《列宁全集》第26卷，人民出版社2017年版，第16页。
② 列奥尼达·比索拉蒂（1857—1920），意大利社会党创始人和右翼首领之一，曾任意大利议会议员、不管部长。

将近一半是左派。此外,在荷兰、瑞士、瑞典、保加利亚、法国、比利时、美国等党内也都有一批左派。不过,各国党内的左派在政治上还不够坚定,在组织上相对分散,思想上也很不成熟,但他们在阶级斗争的紧要关头往往能成为中流砥柱。

右派的代表人物是德国的谢得曼、休特古姆,俄国的普列汉诺夫,法国的盖得和桑巴,英国的海德门和韩德逊,比利时的王德威尔德等。这些人公开投票赞成军事预算,甚至参加资产阶级政府,推行沙文主义"保卫祖国"的政策。

中派的代表人物是德国的考茨基、法国的龙格、英国的麦克唐纳、俄国的马尔托夫①等。他们虽然在表决军事预算时弃了权,但实质上完全支持帝国主义战争。他们是暗藏的沙文主义者。同时,他们还向群众散布在

---

① 马尔托夫(1873—1923),出生于君士坦丁堡一个富裕的犹太人家庭,原名尤里·澳西波维奇·策杰尔鲍姆。1881年全家移居圣彼得堡,1891年就读于圣彼得堡大学,两年后被开除学籍。曾积极参加列宁的建党活动。后来成为孟什维克。

帝国主义条件下可以实现持久和平的幻想，麻痹群众的革命斗志。这种暗藏的沙文主义者比公开的沙文主义者更危险。

列宁特别强调中派的危害性。他说："会使自己立刻失去工人群众的露骨的机会主义，不像这种中庸理论这么可怕和有害，因为后者用马克思主义的词句来为机会主义的行为辩护，用种种诡辩来证明革命行动不合时宜，等等。"[1]因此，在第一次世界大战期间，在同机会主义进行斗争时，列宁特别注意揭露和批判考茨基的"超帝国主义论"。

卡尔·考茨基（1854—1938）出身于捷克布拉格的一个知识分子家庭，父亲是画家，母亲是演员。考茨基是德国和国际工人运动著名的理论家和活动家，第二国际的领导人之一，是德国和第二国际内部中派的代表人物。他在19世纪80年代曾经是马克思主义者，曾长期担任德国社会民主党的理论刊物《新时代》的主编

---

[1] 《列宁全集》第26卷，人民出版社2017年版，第274—275页。

（1883—1917）。1914年第一次世界大战爆发后，他支持社会沙文主义者。1917年在哥达另建德国独立社会民主党，同时辞去《新时代》主编职务。

"超帝国主义论"是考茨基在第一次世界大战期间抛出的关于社会主义和帝国主义的一个重要理论观点。

考茨基认为，"超帝国主义论"的基本思想是帝国主义不是垄断的、腐朽的、垂死的资本主义，不是资本主义的最高阶段和最后阶段。帝国主义还会发展，还有生命力。超帝国主义是帝国主义发展的新阶段，它可能使世界实现持久和平。他在一篇文章中说："英国保护主义运动的削弱，美国关税的降低，裁军的意图，战前几年法德两国资本输出的锐减，以及各金融资本集团日益紧密的国际交际——所有这一切都使我考虑到：现在的帝国主义的政策会不会被一种新的超帝国主义的政策所取代，这种新的超帝国主义的政策，将以实行国际联合的金融资本共同剥削世界来代替各国金融资本的相互斗争。不管怎样，资本主义的这样一个新阶段是可以设想的。"① 考茨基接着说：战争可能使超帝国主义的嫩芽茁壮起来……战前曾使资本主义道义上日益衰亡的那些最坏的原因，就可能会消失。"超帝国主义"可能在资本主义的范围内造成一个带来新的希望和新的期待的纪元。② 在考茨基看来，这个新纪元就是帝国主义国家能够互相达成协议，建立世界范围内的财政资本联盟，共同剥削世界，从而出现一个"超帝国主义"阶段。

列宁指出，考茨基的"超帝国主义论"是极端荒谬和反动的。帝国主义国家之间的矛盾是由资本主义的经济规律决定的，因而是无法消除的。它们有时可能暂时缓和一下，但同时孕育着更大、更激烈的斗争。国际垄断协定或是国际垄断联盟的参加者是抱着追逐更高的超额利润的目的而来的。联盟中实力较强的垄断组织必然要求进一步扩大自己的剥削和掠夺的范围，从而与自

---

① 参见《新时代》第5期，第144页。转引自《列宁全集》第26卷，人民出版社2017年版，第240页。
② 参见《新时代》第5期，第145页。转引自《列宁全集》第26卷，人民出版社2017年版，第240页。

己的对手进行更为激烈的斗争。所以，考茨基的"超帝国主义论"回避并掩饰了帝国主义最根本的矛盾。它只能转移群众视线，使他们不去注意现代的尖锐矛盾和关键问题，而去幻想在资本保护下不可能实现的永久和平。

考茨基的"超帝国主义论"实际上是一种改头换面的改良主义。既然帝国主义国家能够达成协议，建立世界范围内的财政资本联盟，共同剥削世界，那么社会主义便不可能立即实现，至于无产阶级革命则更谈不上。无产阶级要改善自己的状况，只能与资产阶级妥协，进行一点一滴的改良，顺着改良主义的方向，走和平过渡的道路。

考茨基在宣扬"超帝国主义论"的同时，又竭力鼓吹社会和平主义。在考茨基看来，到了"超帝国主义"阶段，帝国主义国家能够联合起来，不再发动战争，世界持久和平就会实现。列宁指出，考茨基的"超帝国主义论""就是拿资本主义制度下可能达到永久和平的希望，对群众进行最反动的安慰，其方法就是使人们不去注意现代的尖锐矛盾和尖锐问题,而去注意某种所谓新的将来的'超帝国主义'的虚假前途"。①

列宁对考茨基"超帝国主义"理论的批判丰富和发展了马克思主义,是对马克思主义的重大贡献。列宁分析了帝国主义的经济政治特征、本质和各种矛盾,揭示了新阶段的资本主义——帝国主义形成、发展和灭亡的规律,深刻地揭露时代的本质,具有重大的理论价值和政治意义。

---

① 《列宁全集》第27卷,人民出版社2017年版,第430页。

五、列宁为建立新的国际而斗争

帝国主义战争的爆发和第二国际的破产,给国际社会主义运动提出了一个新的任务。为了领导世界无产阶级利用战争所造成的危机实现革命,必须建立一个新的无产阶级的国际组织,代替破产的第二国际。

列宁非常敏锐地感到这是一个重大问题。因此,在第一次世界大战爆发后不久,他就在关于战争的宣言中,提出了"清除了机会主义的无产阶级国际万岁"[①]的口号。

当然,在当时的历史条件下,要马上建立一个新的、马克思主义的国际组织还有困难。原因首先是隐藏的社会沙文主义者竭力掩饰第二国际的破产,主张和公开的社会沙文主义者讲"统一",反对建立新的国际。其次是左派的力量还不够强大,他们还没有完全认识到

---

① 《列宁全集》第26卷,人民出版社2017年版,第19页。

同机会主义者彻底决裂的必要性。因此，要建立新的国际组织，一方面必须和各种色彩的社会沙文主义进行斗争，另一方面必须团结、教育各国的左派。

列宁指出："如果不坚决同机会主义决裂，……就不可能实现工人真正的国际团结。"[①] 这句话说起来很简单，但做起来并不容易。如何决裂？如何实现工人的国际团结？如何在这些基础上建立新的国际组织？这些不仅是理论问题，而且是策略和实践问题。第一次世界大战期间，列宁为了达到这一目标进行了十分艰巨、十分复杂的斗争。这个斗争是自斯图加特代表大会以来列宁在国际舞台上反对机会主义斗争的继续。在这一斗争中，列宁进一步丰富了同机会主义斗争的理论和策略，为马克思主义者提供了十分宝贵的经验。

1. 齐美尔瓦尔德联盟

1915年2月，在伦敦举行了协约国社会党代表会议。参加会议的有英国、法国、俄国、比利时等来自

---

① 《列宁全集》第26卷，人民出版社2017年版，第17页。

协约国集团的40名代表。这是一次沙文主义者的国际会议，在这次大会的决议中，把反对同盟国的战争称之为"解放"战争。列宁在事先就已经看出，这次会议不会有什么结果，但是他还是派了布尔什维克李维诺夫①去参加会议，目的是"用'鲜明的革命国际主义'观点反对'正式的社会爱国主义'"②。李维诺夫在发言中表明了布尔什维克党对战争的看法。但是当他要宣读列宁起草的布尔什维克党的声明时，会议主席剥夺了他的发言权。李维诺夫把声明稿子交给了主席团后便退出了会场。这次会议表明：列宁为了揭露机会主义者，不放弃一个即使是很小的机会。③

1915年3月，在伯尔尼召开了国际社会主义妇女代表会议。这是战争时期包括各主要交战国家代表的第一次国际会议。出席会议的代表多数是中派。列宁在伯

---

① 马克西姆·马克西莫诺维奇·李维诺夫（1876—1951），苏联著名外交家。曾任苏俄外交人民委员和苏联驻美国大使，1946年退休。
② 《列宁全集》第47卷，人民出版社2017年版，第75页。
③ 参见《列宁全集》第21卷，人民出版社2017年版，第178页。

尔尼直接领导了俄国代表团的工作,并且为代表团起草了提交大会讨论的决议草案。

以克拉拉·蔡特金为首的德国代表团大部分是左派。他们在国内已经开始和沙文主义划清界限,同本国资产阶级进行了斗争。但是他们错误地认为在国际问题上应当采取作出"最大的让步态度"。德国左派的这种调和主场使得布尔什维克提出的决议草案遭到了否决。大会的决议虽然指出了战争的帝国主义性质,指出了"保卫祖国"口号的错误,但是决议只是号召各国无产阶级"为和平而斗争",没有提出进行社会主义革命的要求。与此同时,决议对各国社会党人的背叛行为和第二国际的破产竟然只字不提。

列宁明确地指出了这个调和主义的决议与布尔什维克党所提出的决议草案之间的原则性分歧。他说:"在代表会议上发生冲突的是两种世界观,是对于战争和国际的任务的两种看法,是无产阶级政党的两种策略。"[①]

[①] 《列宁全集》第26卷,人民出版社2017年版,第216页。

为了向全世界的无产阶级揭示这种分歧，辨明是非，布尔什维克党在会后把自己的决议草案和大会通过的决议案同时公开发表。列宁还对左派在大会上所表现的妥协和不坚定的立场进行了批评，以帮助他们认识错误，站到正确的立场上来。他说，大会不应当帮助考茨基、王德威尔德和普列汉诺夫之流来麻醉工人群众，"相反，应当唤醒他们，宣布同机会主义进行决战。只有这样，会议的实际结果才不会是让人们指望上面所说的'领袖们''改正错误'，而是聚集力量去进行艰苦严肃的斗争"[1]。

列宁还指出："持克拉拉·蔡特金同志的观点的德国代表团，在这次会议上实际上起了'中派'的作用。这次妇女代表会议所谈的，仅仅是特鲁尔斯特拉的荷兰机会主义党的代表和独立工党（I.L.P.）的代表所能接受的东西。"[2]

在妇女代表会议后不久，1915年4月4日至6日

---

[1] 《列宁全集》第26卷，人民出版社2017年版，第217页。
[2] 《列宁全集》第26卷，人民出版社2017年版，第352页。

又在伯尔尼召开了国际社会主义青年代表会议。参加这次会议的主要力量也是中派。和妇女会议一样，青年会议也没有公开谴责社会沙文主义和同社会和平主义划清界限。会议决定出版《青年国际》杂志。列宁曾经参加这个刊物的出版工作。

上述两次会议和此前的沙文主义的伦敦协约国社会党代表会议相比有一定进步。通过这两次会议，列宁在揭露机会主义，团结教育左派方面做了不少工作。但是距离建立一个新的革命的国际还有很长的路要走。关键问题在于：要在思想上和沙文主义划清界限。没有这一条，建立一个新的国际是不可能的。

列宁在1915年8月谈到这两次会议时说："这些会议都具有良好的愿望。"但是，"它们没有制定出一条国际主义者的战斗路线。它们没有向无产阶级指出社会沙文主义者'重建'国际的方法对于无产阶级的危险性。它们至多不过重复一下旧的决议，而没有向工人指出，如果不进行反对社会沙文主义者的斗争，社会主义事业是没有希望的。它们至多是在原地踏步"。①

1915年秋,在大战进行了整整一年以后,群众对于这次战争的性质的认识进一步提高。第二国际各国党的背叛行为,也暴露得更明显了。列宁说:"战争在造成革命形势,在激起群众的革命情绪和革命风潮,在促使无产阶级优秀分子普遍认识到机会主义必然死亡,并使反机会主义的斗争日益尖锐。"②这时,各国党内的左派也逐步地发展起来。这些左派虽然力量还小,而且在和机会主义决裂的问题上还不够坚定,但是他们毕竟开始了独立的活动。他们在群众中的影响也在逐步扩大。在这种情况下,召集一次反对战争的各国左派社会主义者代表会议的客观条件已经具备了。

为了召集这样一次会议,列宁进行了一系列的筹备工作。

第一,列宁努力团结和组织各国的左派,支持他们反对机会主义的斗争,帮助他们克服理论上和思想上

---

① 《列宁全集》第26卷,人民出版社2017年版,第349—350页。
② 《列宁全集》第26卷,人民出版社2017年版,第296页。

的糊涂观念和动摇性,要求他们和机会主义分子彻底决裂。列宁通过其他布尔什维克或用通信的方式和各国党的左派保持了密切的联系,帮助他们扩大在群众中的影响。列宁还通过自己的著作和讲演,向左派介绍布尔什维克的观点和俄国革命的经验。

第二,为了使欧洲工人了解布尔什维克对战争的态度和国际无产阶级在这次战争中的革命策略,列宁于1915年8月用德文出版了《社会主义与战争》一书。1916年又用法文出版了此书。列宁在这本书中全面论述了第一次世界大战的帝国主义性质,论述了战争的本质和布尔什维克对战争的态度,对各种机会主义的观点进行了有力批判。

第三,列宁制订了准备提交代表会议的宣言草案和决议草案,并把这些文件送交各国党的左派进行讨论。列宁认为,以几个国家左派的名义发表原则性的宣言会有重大的意义。他说:"需要左派的宣言和纲领,是为了发展'群众的不满情绪'。需要它们,是由于有这种不满情绪。需要它们,是为了把'不满情绪'变成'运动'。需要它们，是为了发展腐败的国际中的'不满情绪'。"①列宁提出了宣言的基本原则，他说："左派应当发表一个有思想性的共同宣言，它（1）必须谴责社会沙文主义者和机会主义者，(2)提出革命行动的纲领（是提国内战争还是提群众性的革命行动，这并不十分重要），（3）反对'保卫祖国'的口号，等等。"②

经过列宁的一番努力，1915年9月5日在瑞士的齐美尔瓦尔德村召开了一次代表会议。出席会议的有11个国家的38名代表，代表22个小组和团体。以列宁为首的左派只有8人，与会的大多数是中派。

在会上，以列宁为首的左派（少数派）和以考茨基为首的中派（多数派）进行了尖锐交锋。列宁把自己的著作《社会主义与战争》发给到会的代表。③在会上，列宁代表左派提出了自己的宣言草案和决议草案。决议草案指出：正如巴塞尔宣言所预料的一样，现代的战争具

---

① 《列宁全集》第47卷，人民出版社2017年版，第149页。
② 《列宁全集》第47卷，人民出版社2017年版，第119页。
③ 参见《列宁全集》第27卷，人民出版社2017年版，第46页。

有帝国主义反动的性质。"保卫祖国"是资产阶级骗人的鬼话，无产阶级应当利用战争所形成的大好形势进行革命，变帝国主义战争为国内战争，使本国政府在这次战争中失败。草案谴责了第二国际机会主义，指出它是无产阶级解放运动的直接敌人。列宁提交的这个决议草案没有被会议所接受，以19票对12票被否决。至于左派提出的宣言草案，则没有在会上进行讨论，只是交给委员会供制定共同宣言时作参考。

会议结束时，通过了一个共同宣言。经过列宁的反复斗争，左派的决议草案中的某些重要论点被吸收在这个宣言里。因此，列宁认为这个宣言"实际上意味着在从思想上和实践上同机会主义和社会沙文主义决裂方面迈出了一步"[1]。但是这个宣言还很不够，还有"不彻底和吞吞吐吐的缺陷"[2]。这种缺陷具体表现在没有直接说到第二国际各党的叛变，没有指出第二国际的破产及其原因，没有提出建立新的国际的任务，没有向工人阶级

---

[1] 《列宁全集》第27卷，人民出版社2017年版，第43页。
[2] 《列宁全集》第27卷，人民出版社2017年版，第43页。

"直接地、公开地、明确地说明革命的斗争手段"①。

虽然宣言有这些重大缺点,但列宁和全体左派还是在上面签了字。列宁在会后不久写的一篇文章中对这个共同宣言上签字的革命策略作了科学的总结。②

在这次会议上成立了一个常设机构——国际社会主义者委员会。

以后人们就把这个未曾正式宣布的组织称为齐美尔瓦尔德国际或齐美尔瓦尔德联盟。尽管国际社会主义者委员会被考茨基的多数派把持着,但列宁仍然认为,齐美尔瓦尔德联盟是建立新的国际的重要一步。③

齐美尔瓦尔德会议以后,列宁继续为团结左派,坚持革命的马克思主义而斗争。

第一,为了证明自己的观点,列宁在会后立即公布了被会议否决的左派决议草案和宣言草案,并且发表了一项声明,表明左派对这次会议所抱的态度。声明指

---

① 《列宁全集》第27卷,人民出版社2017年版,第46页。
② 参见《列宁全集》第21卷,人民出版社2017年版,第366—367页。
③ 参见《列宁全集》第21卷,人民出版社2017年版,第367页。

出:"会议通过的宣言,不能使我们完全满意。它没有包含对公开的机会主义以及用激烈词句掩饰起来的机会主义的说明;而后一种机会主义不仅是使第二国际陷于破产的主要罪人,而且它还想使这种破产的局面永远存在下去。

"宣言也没有对反对战争的斗争手段加以明确说明。

"我们将和以前一样,在社会主义的刊物和第二国际的会议上对帝国主义时代在无产阶级面前提出的各种任务,坚持彻底的马克思主义立场。

"我们之所以投票赞成宣言,是因为我们把它看作进行斗争的号召;而在这一斗争中,我们将与第二国际的其他部分携手前进。"[①]

第二,把齐美尔瓦尔德左派组织了起来,并且建立了自己的常设机构——齐美尔瓦尔德左派常务局,以与会上成立的、为中派所把持的国际社会主义者委员会相对立。左派常务局出版了自己的杂志《先驱》。列宁在

[①] 《齐美尔瓦尔德左派对齐美尔瓦尔德代表会议通过的宣言的声明》,载《教学与研究》1983年第4期。

该杂志上发表了《机会主义和第二国际的破产》《社会主义和民族自决权》等重要文章。

第三,积极发展各国左派,并且帮助他们加强在工人群众中的联系。

例如:1915年11月22日,列宁在致柯伦泰①的信中写道:"希望您竭力把他们的一切情况尽可能详细地打听清楚,同时设法使他们(或者就使这些人,或者使他们当中的一部分)成为'齐美尔瓦尔德左派'在美国的一个据点。"②列宁还希望她在美国翻译出版左派的文件。

又如:1915年9月13日,列宁在致沃罗夫斯基(全集中是格·李·什克洛夫斯基)信中写道:"应当设法

---

① 亚历山德拉·米哈伊洛夫娜·柯伦泰(1872—1952),俄国和国际工人运动特别是妇女运动著名的活动家,出生于沙俄的一个将军家庭。1898年加入俄国社会民主工党,1906年加入孟什维克派,1914年转向布尔什维克派。1908年至1917年侨居国外。曾任社会党国际局委员,参加过第二国际斯图加特、哥本哈根和巴塞尔代表大会。十月革命后任公共福利人民委员,是苏维埃政府中唯一的一位女部长。此信见《列宁全集》第36卷,人民出版社2017年版,第362页。

② 《列宁全集》第47卷,人民出版社2017年版,第221—222页。

弄到各城市（包括日内瓦）的德国工人协会和工人俱乐部的地址，取得联系，通通信，做出成绩。这都是您的事情。请加紧进行。"①

第四，对左派中的动摇分子进行批评教育，帮助他们在政治上和理论上不断提高。我们上面已经谈到，列宁对动摇分子的和平主义幻想和"废除武装"等错误口号进行了原则性的批评。此外，也批评了他们否认民族自决权的错误。当时左派为数甚少，但列宁并未因此而气馁。

齐美尔瓦尔德国际建立以后，列宁把反对机会主义斗争的重心转移到齐美尔瓦尔德国际内部。

1915年末至1916年初，第一次世界大战的规模越来越大，群众的反战情绪也更为强烈，各国的工人运动进一步高涨。同时，帝国主义列强的国力也大为削弱。

---

① 《列宁全集》第47卷，人民出版社2017年版，第188页。瓦茨拉夫·瓦茨拉沃维奇·沃罗夫斯基（1871—1923），苏联著名的无产阶级革命家，出生于波兰的一个工程师家庭，1903年加入俄国社会民主工党（布尔什维克），1906年翻译出版了马克思、恩格斯的《共产党宣言》，十月革命后曾先后任苏俄驻斯堪的纳维亚各国大使（1917—1919）和驻意大利大使（1921—1923）。在国内战争中被白军暗杀，被葬于莫斯科红场。

为了达到暂时休整的目的，同时欺骗各国劳动人民，帝国主义列强想用帝国主义和平来代替帝国主义战争。于是，第二国际的机会主义者也附和帝国主义大谈和平了。他们编制了所谓"民主"和平的纲领，即不要革命的"争取和平斗争"的纲领来欺骗人民，混淆视听。这样，和平主义就成了当时的主要危险。

2. 昆塔尔会议

1916年4月，在瑞士的昆塔尔村召开了国际社会主义者的第二次代表会议，或者叫第二次齐美尔瓦尔德会议。如果说，在第一次齐美尔瓦尔德会议上马克思主义和机会主义的斗争主要是围绕战争问题展开的，那么在第二次会议上的斗争就是以和平问题为中心展开的。

在会议以前，根据列宁的提议，国际社会主义者委员会宣布"只准许拥护齐美尔瓦尔德代表会议决议的政治团体、工会组织的代表或个人参加会议"①。这就阻止了沙文主义者参加会议的可能性。为了揭露和批判考茨

---

① 《列宁全集》第27卷，人民出版社2017年版，第241页。

基分子所谓的"民主和平"纲领，同时给左派制定一个行动方针，列宁在会议前夕发表了《论"和平纲领"》和《俄国社会民主工党中央委员会向社会党第二次代表会议提出的提案》[①]等文件。在这些文件中，列宁对资产阶级和平主义思想进行了批判，并且提出必须立即与各国的社会沙文主义者实行分裂。这两个文件，一方面是把即将召开的昆塔尔会议上真正的左派统一起来的一个战斗纲领，另一方面是交给参加齐美尔瓦尔德国际的中派的一封战书。

在昆塔尔会议上，左派力量有所增长。在到会的43个代表中，左派有12人，动摇于左派和中派之间的有5人至7人。列宁代表左派在会上提出的关于和平问题的决议草案指出，未来的和约是帝国主义列强的分赃条约。可是"机会主义者和社会和平主义者（德国社会民主党中派、英国独立工党等）竟力图脱离现实生活，而去追求'民主和约'的泡影，认为这一和约一定会为

---

① 参见《列宁全集》第27卷，人民出版社2017年版，第294页。

人民实现欧洲联邦、建立强制的仲裁法庭、裁减军备、实现民主外交等。所有这一切实际上都是对人民群众的欺骗,都是遮盖和粉饰世界政策的残酷事实"。决议草案号召各国工人以革命来结束战争:组织无产阶级对资本主义进行坚决的冲击——这就是社会民主党的唯一的和平纲领。放下武器,把武器指向共同的敌人!指向资本家政府!——这就是国际提出的和平纲领。由于中派的反对,这个彻底革命的决议草案在会上遭到了否决。

会议通过了一个宣言和一个决议。由于列宁和左派的斗争,这两个文件比第一次齐美尔瓦尔德会议所通过的文件前进了一步。这表现在:虽然没有明确宣布和沙文主义的第二国际执行局决裂,但是斥责了执行局的机会主义立场;同时,"警告工人不要相信和平主义的谎言,不管这些谎言披着什么样的社会主义外衣"[1]。决议写道:"在资本主义社会基础上不可能确立持久的和平,持久和平的前提是在争取社会主义的斗争中创造的。"[2]

---

[1]《列宁全集》第28卷,人民出版社2017年版,第282页。
[2]《列宁全集》第27卷,人民出版社2017年版,第312页。

但是昆塔尔会议的宣言和决议还很不彻底,没有采纳布尔什维克的基本原则:变帝国主义战争为国内战争,使本国政府在战争中失败和建立新的国际。所以,以列宁为首的布尔什维克虽然投票赞成会议的宣言和决议,但同时宣布对宣言和决议采取保留态度。

会后,列宁对这次会议的积极成果作了如下的评价:"总的说来,尽管有许多缺点,但这毕竟是在同社会爱国主义者决裂方面前进了一步。"①

昆塔尔会议以后,随着各国革命运动的高涨,齐美尔瓦尔德国际内部的斗争也日益尖锐。到了1961年末1917年初,齐美尔瓦尔德多数派已完全堕落为社会和平主义者了。列宁在1917年2月17日写道:"齐美尔瓦尔德右派已经在思想上埋葬了齐美尔瓦尔德联盟,因为布尔德朗+梅尔黑姆在巴黎投票赞成和平主义,考茨基于1917年1月7日也在柏林投了票,屠拉梯(于1916年12月17日!!)和整个意大利党也这样做了。

---

① 《列宁全集》第47卷,人民出版社2017年版,第303页。

这是齐美尔瓦尔德联盟的覆灭！！他们在口头上谴责'社会和平主义'（见昆塔尔决议），行动上却转到社会和平主义方面去了！！"①齐美尔瓦尔德右派的公开变节，说明左派必须立即和他们决裂。列宁在3月5日致柯伦泰的信中说："'齐美尔瓦尔德联盟'显然已经破产，漂亮的词句又被用来掩盖腐朽的东西了！齐美尔瓦尔德多数派，即屠拉梯之流，考茨基以及累德堡、梅尔黑姆，全都转到在昆塔尔曾经十分庄严地（和完全徒劳地！）谴责过的社会和平主义主场上去了。……想起这些下流胚，我简直要气得发疯；一听到他们讲话和听到别人谈论他们就反感，一想到同他们在一道工作就更加反感。全是些伪君子！"②

列宁在第一次世界大战期间为建立新的国际而斗争的策略具有重大的理论意义。简单总结一下，可以概括为以下几点：

第一，高举巴塞尔宣言的旗帜，翻印宣言。

---

① 《列宁全集》第47卷，人民出版社2017年版，第526页。
② 《列宁全集》第47卷，人民出版社2017年版，第533—534页。

第二,争取主动,不让联盟束缚住自己的手脚。

第三,在各个重大问题上都提出自己的看法,任何时候都不隐瞒自己的观点。

第四,在原则问题上决不妥协,但是为了进一步开展斗争,在不违反无产阶级根本利益的前提下,可以作必要的让步。

第五,积极团结、教育左派,在团结中有斗争。列宁说:"在这方面我们的做法是双管齐下(这是尤里+尼古·伊万·根本不想或不能理解的):一方面,帮助拉狄克向左转,为齐美尔瓦尔德左派团结一切可能团结的人。另一方面,在根本问题上丝毫不允许有动摇。"[1]

第六,在左派力量还不够强大,右派还没有公开站到帝国主义立场上去以前,不轻易提出决裂;但是当这些条件成熟的时候,就坚决地、毫不迟疑地和右派决裂。

---

[1] 《列宁全集》第47卷,人民出版社2017年版,第258页。

3. 俄国十月革命的胜利为建立新的国际提供了重要前提

俄国十月革命的胜利是在列宁的"一国胜利论"的指导下实现的。俄国十月革命不是偶然事件，更不是列宁和布尔什维克党发动的一次政变，而是有其历史的必然性，它是俄国历史发展的必然结果。我们这样说的根据主要是列宁的"一国胜利论"。"一国胜利论"是一个简单的说法。完整地说，"一国胜利论"就是社会主义可以首先在单独一个资本主义国家里取得胜利。列宁认为，社会主义在几个资本主义国家里同时取得胜利是不可能的。这一崭新的革命理论，是十月革命的理论基础，是列宁在20世纪初期新的历史条件下对马克思主义理论的重大发展，是列宁勇于实践、勇于创新的伟大成果。

资本主义自从形成以来，经过了自由竞争阶段和垄断阶段。马克思、恩格斯在资本主义自由竞争阶段，揭示了资本主义必然灭亡和社会主义必然胜利的规律。当然，社会主义取代资本主义是有条件的。在马克思和恩格斯看来，当时一些发达资本主义国家，社会主义代替资本主义的物质条件已基本具备，在那里，现代化的大工业生产在国民经济中居主导地位，无产阶级人数在全国人口中占大多数，社会生产力的高度发展已经达到了资本主义生产关系无法容纳的程度。因此，他们认为，社会主义革命只有在一些发达的资本主义国家才能发生。他们同时认为，鉴于资本主义建立的世界市场已经"把全球各国人民，尤其是各文明国家的人民，彼此紧紧地联系起来，以致每一国家的人民都受到另一国家发生的事情的影响"[1]，因而社会主义革命必须在几个发达的资本主义国家同时发生才能取得胜利。恩格斯直到逝世前不久仍坚持这一观点。他在1892年写的《社会主义从空想到科学的发展》一书的英文版导言中说："欧洲工人阶级的胜利不是仅仅取决于英国。至少需要英法德三国的共同努力，才能保证胜利。"[2] 他在1893年写的一篇文章中又一次表达同样的观点，说："无论是法

---

[1] 《马克思恩格斯选集》第1卷，人民出版社2012年版，第306页。
[2] 《马克思恩格斯选集》第3卷，人民出版社2012年版，第773页。

国人、德国人，还是英国人，都不能单独赢得消灭资本主义的光荣。"① 马克思、恩格斯的这种"多国革命论"思想的主要内涵是只有发达资本主义国家才能进行社会主义革命，而社会主义革命必须由这些国家中的几个国家的无产阶级同时行动。

随着时代的发展，到 19 世纪末 20 世纪初，资本主义在一些主要国家已经先后发展到了垄断阶段，即帝国主义阶段。列宁在 20 世纪初期新的历史条件下，根据他对帝国主义的经济、政治特征的潜心研究，突破了马克思、恩格斯的上述理论。他指出，在自由资本主义发展到垄断资本主义即帝国主义阶段，由于资本主义政治、经济发展不平衡规律的加强，以及第一次世界大战造成的国际局势，社会主义可能在资本主义世界的某个薄弱环节，在少数甚至在单独一个资本主义国家首先取得胜利。列宁进一步指出，基本上由于同样的原因，社会主义在几个资本主义国家同时取得胜利是不可能的。

---

① 《马克思恩格斯文集》第 10 卷，人民出版社 2009 年版，第 655 页。

列宁在1915年写的《论欧洲联邦口号》一文中写道:"经济和政治发展的不平衡是资本主义的绝对规律。由此就应得出结论:社会主义可能首先在少数甚至在单独一个资本主义国家内获得胜利。"[1]次年,他在《无产阶级革命的军事纲领》一文中又指出:"资本主义的发展在各个国家是极不平衡的。而且在商品生产下也只能是这样。由此得出一个必然的结论:社会主义不能在所有国家内同时获得胜利。"[2]列宁在这里说的社会主义指的是社会主义革命。这是一种崭新的社会主义革命理论。它充分表明,马克思主义理论是随着时代的发展而不断发展的。

1917年3月,俄国第二次资产阶级民主革命——二月革命取得胜利,沙皇专制制度被推翻。这次革命,按其性质、任务和动力来说,是资产阶级民主革命,是1905年革命的继续。二月革命后,俄国革命形势发展得很快。二月革命胜利的重要原因之一是帝国主义战争

---

[1] 《列宁全集》第26卷,人民出版社2017年版,第367页。
[2] 《列宁全集》第28卷,人民出版社2017年版,第88页。

所引起的政治和经济危机。进行了三年多的第一次世界大战削弱了世界帝国主义,特别是削弱了沙皇俄国,因此使俄国无产阶级和广大劳动人民有可能在这个帝国主义战线薄弱的一环取得胜利。

正是在这"一国胜利论"的指引下,俄国布尔什维克党领导俄国劳动人民取得了十月社会主义革命的伟大胜利。与此同时,在俄国十月革命的影响和推动下,出现了"亚洲的觉醒"。世界革命中心移向了东方。在亚洲一些殖民地半殖民地国家和地区(如中国、朝鲜、伊朗、土耳其等国)的民族资产阶级登上了政治舞台,出现了声势浩大的反对帝国主义和封建主义的革命运动。它与欧美国家的社会主义运动汇合成了一股反对帝国主义统治、争取民族独立的革命洪流。至此,在已破产的第二国际废墟上建立一个全新的、革命的第三国际的条件已经成熟。

居安思危·世界社会主义小丛书
（已出书目）

序号	作者	书名	审稿人
		第一辑	
1	李慎明	忧患百姓忧患党——毛泽东关于党不变质思想探寻	侯惠勤
2	陈之骅	俄国十月社会主义革命	王正泉
3	毛相麟	古巴：本土的可行的社会主义	徐世澄
4	徐世澄	当代拉丁美洲的社会主义思潮与实践	毛相麟
5	姜辉 于海青	西方世界中的社会主义思潮	徐崇温
6	何秉孟 李千	新自由主义评析	王立强
7	周新城	民主社会主义评析	陈之骅
8	梁柱	历史虚无主义评析	张树华
9	汪亭友	"普世价值"评析	周新城
10	王正泉	戈尔巴乔夫与"人道的民主的社会主义"	陈之骅

序号	作者	书名	审稿人
第二辑			
11	王伟光	马克思主义与社会主义的历史命运	侯惠勤
12	李慎明	居安思危：苏共亡党的历史教训	课题组
13	李 捷	毛泽东对新中国的历史贡献	陈之骅
14	靳辉明 李瑞琴	《共产党宣言》与世界社会主义	陈之骅
15	李崇富	毛泽东与马克思主义中国化	樊建新
16	罗文东	中国特色社会主义理论与实践	姜 辉
17	吴恩远	苏联历史几个争论焦点真相	张树华
18	张树华 单 超	俄罗斯的私有化	周新城
19	谷源洋	越南社会主义定向革新	张加祥
20	朱继东	查韦斯的"21世纪社会主义"	徐世澄
21	卫建林	全球化与共产党	姜 辉
22	徐崇温	怎样认识民主社会主义	陈之骅
第三辑			
23	王伟光	谈谈民主、国家、阶级和专政	姜 辉
24	刘国光	中国经济体制改革的方向问题	樊建新
25	有林等	抽象的人性论剖析	李崇富
26	侯惠勤	中国道路和中国模式	李崇富

序号	作者	书名	审稿人
27	周新城	社会主义在探索中不断前进	陈之骅
28	顾玉兰	列宁帝国主义论及其当代价值	姜 辉
29	刘淑春	俄罗斯联邦共产党二十年	陈之骅
30	柴尚金	老挝:在革新中腾飞	陈定辉
31	迟方旭	建国后毛泽东对中国法治建设的创造性贡献	樊建新
32	李艳艳	西方文明东进战略与中国应对	于 沛

第四辑

序号	作者	书名	审稿人
33	王伟光	纵论意识形态问题	姜 辉
34	朱佳木	中国特色社会主义纵横谈	朱峻峰
35	姜 辉	21世纪世界社会主义的新特点	陈之骅
36	樊建新	我国社会主义初级阶段的基本经济制度	周新城
37	周新城	当代中国马克思主义政治经济学的若干理论问题	樊建新
38	赵常庆	社会主义在哈萨克斯坦的兴衰	陈之骅
39	李东朗	中国共产党是抗日战争的中流砥柱	张海鹏
40	王正泉	苏联伟大卫国战争	陈之骅
41	于海青 童晋	欧洲共产党与反法西斯抵抗运动——镌刻史册的伟大贡献	姜 辉
42	张 剑	社会主义与生态文明	李崇富

序号	作者	书名	审稿人
		第五辑	
43	王伟光	新时代中国特色社会主义的理论成果	陈之骅
44	朱佳木	同历史虚无主义思潮斗争的有力思想武器	朱峻峰
45	程恩富 段学慧	《资本论》与社会主义建设	周新城
46	李崇富	谈谈列宁主义	陈之骅
47	张树华	苏联共产党意识形态工作的教训	吴恩远
48	石镇平	马克思的社会主义观	周新城
49	王 广	马克思主义与全面依法治国	侯惠勤
50	李艳艳	美国互联网政治意识形态输出战略与应对	于 沛
51	雷虹艳	美国的社会主义运动与思潮	姜 辉
52	章忠民等	解码新时代中国特色社会主义	程恩富
		第六辑	
53	李慎明	"依法治国"的十个理论问题	程恩富
54	朱佳木	中华人民共和国史编研的若干基本问题	陈之骅
55	徐世澄	古巴经济和社会模式的更新	毛相麟
56	侯惠勤	中国特色社会主义的哲学坚守与创新	李景源

序号	作者	书名	审稿人
57	李包庚等	人类命运共同体：破解全球治理危机的中国方案	汪亭友
58	于 军 张 弦	"一带一路"倡议与构建人类命运共同体	樊建新
59	李晓燕	21世纪西方新社会运动的新特点和新趋势	姜 辉
60	童 晋	国外左翼学者的社会主义观	程恩富

第七辑

序号	作者	书名	审稿人
61	马细谱	三个南斯拉夫	陈之骅
62	陈之骅	巴黎公社：世界上第一个无产阶级政权——纪念巴黎公社革命150周年	汪亭友
63	程恩富 朱炳元	恩格斯对马克思主义政治经济学的重大贡献	余 斌
64	王伟光	百年未有之大变局下国际时局的哲学研判	陈之骅
65	孙 夺	列宁对伯恩施坦主义批判的政治学思考	陈之骅
66	张文木	美国帝国主义是资本主义的没落阶段	姜 辉
67	李 捷	从五条脉络看百年党史（上）	龚 云
68	李 捷	从五条脉络看百年党史（下）	龚 云

序号	作者	书名	审稿人
69	王传利	共产党人的信仰坚守和顽强斗争	程恩富
70	朱佳木	社会主义的初级阶段与初级阶段的社会主义	樊建新

第八辑

序号	作者	书名	审稿人
71	李慎明等	苏联亡党亡国的根本原因、教训与启示	陈之骅
72	李正华等	中国社会主义制度简史	龚云
73	朱佳木	新中国史是坚持和发展中国特色社会主义的必修课	龚云
74	陈之骅	第二国际与世界社会主义运动的理论和实践	郭春生